Marketing para Instagram

PAOLO RAFAEL PACHECO PIZANO

Marketing para Instagram

Marketing para Instagram ©

Primera Edición Mayo 2020

A MI FAMILIA Y AMIGOS,
POR SER LA LUZ EN MI VIDA.

CONTENIDO

La evolución del hombre depende de cuanto quiera evolucionar.

Paolo Rafael Pacheco Pizano.

¿ Que es Instagram?

Instagram es una plataforma de red social que aunque puede visualizarse en el ordenador, es enfocada al momento a dispositivos móviles como teléfonos celulares, tabletas, palms, etc.

Instagram ha pasado de ser una simple red social de compartir imágenes a una de las redes más poderosas del mundo , tomando la fuerza por sus herramientas que pueden llegar a tener diferentes orientaciones dependiendo qué provecho queramos sacarle a nuestro perfil.

Instagram tiene varios atractivos que con las mejoras que se actualizan con frecuencia, brindan al usuario una experiencia fascinante de conectividad con otras personas teniendo normas muy estrictas y razonables en sobre como no mostrar pezones o muertes dentro de la misma red, al igual que intenta evitar el bullying, discriminación racial o socioeconómica entre otras.

El principal objetivo de la segunda red social más importante del mundo es brindar de forma gratuita al usuario poder compartir imágenes o videos cortos (aproximadamente de 1 minuto) al igual que una de sus funciones estrellas que es la de IGTV (Una especie de transmisión de tv en formato móvil que abriendo una segunda aplicación de esta función puede permitir videos de hasta 60 minutos.

Creando una verdadera experiencia fácil de realizar pero con infinidad de oportunidades de mostrar al mundo siguiendo una pequeña serie de pasos que muchos creerían sencillo y nada complejo: subir una fotografía de la galería del dispositivo móvil o crear el contenido en el momento.

Después de seleccionar la imágen o fotografía nos permite utilizar una regla de tercios (más adelante veremos detalles de ésta mención) para enderezar la imagen, ampliarla o reducirla a nuestro gusto y aplicar un filtro avanzado de imagen.

Posteriormente podremos agregar el texto que acompaña la imagen y algunos **Hashtag.***

La verdadera diferencia de esta red social es estar enfocada a la subida y tratamiento de imágenes con sus retoques y filtros fotográficos avanzados fue la pionera del selfie, siendo esto lo que la hace única y diferente. Se ha creado una gran comunidad y el seguimiento de sus usuarios es muy frecuente y persistente. Tanto que ha provocado una adicción de sus usuarios que utilizan esta red social día a día convirtiéndose en verdaderos fans de Instagram.

Instagram nos permite incluir hashtags para que personas afines o con gustos iguales, puedan encontrarnos fácilmente, técnicamente nos permite seleccionar un tipo de personas que tengan gustos parecidos o compartan ideas al igual que nosotros o similares.

*** *(Un **hashtag** (o etiqueta en español) es una palabra clave clickable. Técnicamente, es una cadena de caracteres formada por una o varias palabras, se simboliza con el símbolo de gato #).*

¿Por qué utilizar Instagram?

La plataforma de Instagram fue comprada por Facebook, debido a su gran crecimiento y porque le estaba ganando gran terreno.

Debido a esa fusión, podemos conectarlo a nuestro perfi l y página de Facebook de una forma sencilla, incluso podemos compartir las historias en las dos mismas redes sociales con una misma publicación.

Por lo que si nos planteamos llevar nuestra página personal de facebook, debemos plantearnos llevar Instagram.

Pero el solo tener una cuenta no es para hacer espacio en la nube o tener apartado nuestro nombre de usuario (que es importante pensar en un nombre que no tengan otras personas) aunque el principal de los enigmas preguntado en mis redes sociales es: ¿Cuando utilizar Instagram? La respuesta es muy sencilla y siempre hasta el momento es la misma; Si tienes tu propia marca, debes estar en Instagram.

Sobre todo porque esta red no estaba muy saturada de competencia empresarialmente hablando, aunque en 2016 se ha empezado a saturar debido a su boom. Instagram tiene más de 700 millones de usuarios y las grandes marcas mundiales han visto un gran potencial a esta red social y es una oportunidad de comunicarse con esta gran comunidad de usuarios de forma directa por la gran herramienta para buscar nichos que podemos acercarnos ya sea de forma de publicación o de forma pagada en publicidad sobre la misma plataforma.

Por ejemplo coca cola hasta el momento de ésta publicación tiene 2,7 millones de seguidores, El perfil más habitual en Instagram es de mujeres, que son personas tecnológicamente activas y menores de 40 años. Si tu actividad está orientada a temáticas visuales (fotografía, moda, arte, diseño, arquitectura, turismo), ¡NO DEBES dejar pasar la oportunidad de crear una cuenta!

Recuerda que Instagram es la red social líder en estos sectores. Siendo un referente de inspiración, creatividad e información.

¿Cuántas cuentas puedo usar en Instagram?

Afortunadamente para los emprendedores o los que desean mantenerse activos en varios sectores o temas relacionados con lo que realizan, les gusta o les gustaría descubrir, la plataforma para Android ya permite añadir varias cuentas a partir de la versión 7.15 para que podamos administrar fácilmente todas nuestras cuentas desde su aplicación oficial, aunque sólo nos dejarán añadir hasta cinco cuentas por aplicación en cada dispositivo móvil.

Para los que no sepan nada sobre Instagram y quieran saber cómo usar Instagram a un nivel muy básico les animo a crearse el perfi l y antes de seguir a nadie, hacer pruebas ellos solos: subir fotos, retocarlas, implementar fotografías sobre el nicho o tema que les gustaría llevar a su cuenta.

Una vez hechas estas pruebas, te animo a seguir a tus amigos y durante una temporada ir viendo como funciona la aplicación. Es una aplicación muy simple e intuitiva que no requiere de mucho conocimiento para usarla.

Adicionalmente los invitaré a que sigan mi cuenta de Instagram *"HOUBTON"* y enviar un mensaje con la fotografía de éste libro con una selfie, así podrán ser acreedores de más secretos de Instagram que se irán actualizando conforme la aplicación evolucione, además de asesoría personal (Quizás tarde un poco en responder pero será completamente agradable charlar contigo y ver el cómo creces con tu nueva cuenta de Instagram gracias a las enormes herramientas que te brindaré).

NOVEDADES DE INSTAGRAM

Instagram Stories: Son fotografías o videos que se visualizan por algunos segundos y que se eliminan 24 hrs después de su publicación, siendo una de las herramientas más llamativas al hacer un tipo de exclusividad de un verdadero mensaje autodestructivo.

Instagram Live: Tal cual como su nombre lo dice, son videos en vivo que puedes realizar en pantalla completa, brindando opciones de enviar emojis, textos en chat en vivo, visualizar el número de personas que mira la transmisión en vivo y ellas pueden chatear entre ellas durante la transmisión.

Direct: Son mensajes en directo de una cuenta a otra, brindando posibilidades de comentar las stories, mandar simples mensajes de texto o enviar imágenes como un mensaje privado.

Stickers: La mayoría de los sticker son eso, simples estampitas que puedes elegir publicar sobre imágenes o fotografías, sin embargo en Instagram cambian las cosas puesto que son imágenes con movimientos, interactivas como reloj, etiquetas que al tocar podrás acceder a las cuentas etiquetadas, encuestas rápidas entre muchas cosas más que usándolas correctamente podrás atraer a tu público a la mayor interacción posible.

DESDE CERO

En este momento te llevaré de la mano para crear una cuenta desde cero, si ya cuentas con una cuenta puedes brincar estos pasos.

Iremos a App Store para Ios y para Android a Google Play y descargamos la Aplicación de Instagram, una vez instalado en el dispositivo móvil, abrimos la aplicación y daremos la opción de crear una cuenta.

Desde ahora en adelante te mostraré con imágenes como crear una cuenta de instagram paso a paso.
Nos leemos en unas páginas má.

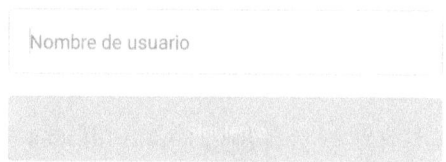

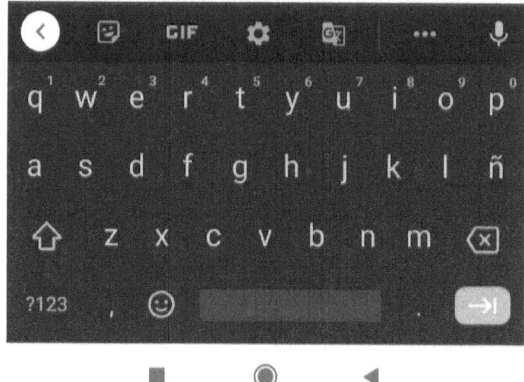

Tratemos de elegir un nombre de usuario único, pensemos en un nombre que nadie en el mundo pueda tener, en caso de no poder encontrarlo, tratemos de conseguir un nombre fácil de recordar por tus futuros seguidores.

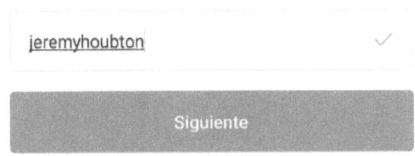

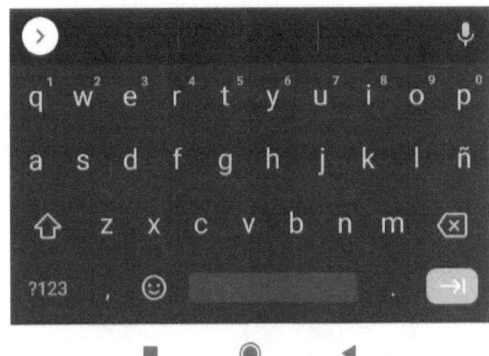

Cuando elegimos el nombre de usuario podremos saber si alguien más tiene utilizado el nombre o podemos tener la oportunidad de elegirlo, es decir que si alguien tiene el nombre de usuario marcará un signo de interrogación en rojo y si está disponible el nombre nos mostrará una palomita color verde.

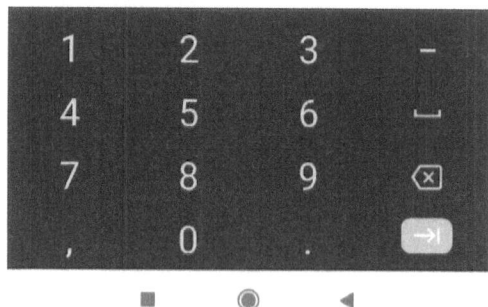

Uno de los requisitos para crear la cuenta de Instagram es necesario un número telefónico, no importa en qué parte del mundo te encuentres podrás encontrar el sufijo de clave telefónica del país y agregaras tu número telefónico para poder continuar.

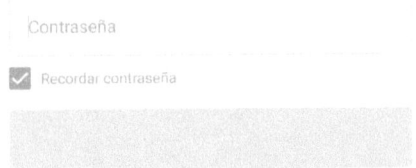

Crea una contraseña

Por motivos de seguridad, tu contraseña debe
tener 6 caracteres como mínimo.

Contraseña

☑ Recordar contraseña

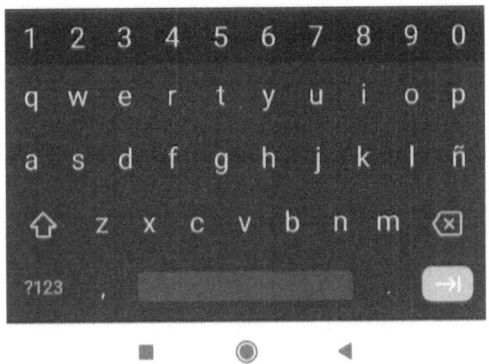

Tendremos que elegir una contraseña que deberá contener 6 caracteres, es decir que debe tener 6 letras y números en total, entre mayúsculas o minúsculas, solo debes recordar muy bien ésta contraseña porque será importante para futuras ocasiones, te recomiendo que la anotes o elijas alguna que no olvides jamás.

Agrega tu fecha de nacimiento

No se incluirá en tu perfil público.
¿Por qué tengo que indicar mi fecha de nacimiento?

29 de mayo de 2019

Indica tu fecha de nacimiento, aunque esta cuenta sea
para un negocio, una mascota u otra cosa.

Siguiente

28	abr.	2018
29	may.	2019
30	jun.	2020

El paso siguiente será colocar nuestra fecha de nacimiento, esto
ayudará a verificar que eres una persona real y que la aplicación nos
deje continuar con el registro.

Te damos la bienvenida a Instagram, jeremyhoubton

Busca personas para seguir y empieza a compartir fotos. Puedes cambiar tu nombre de usuario cuando quieras.

Completar registro

Al registrarte, aceptas nuestras **Condiciones**, la **Política de datos** y la **Política de cookies**

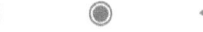

En éste momento ya habremos creado nuestra cuenta en Instagram, sin embargo aún nos faltan unas cosillas más que debemos hacer para tener una cuenta espectacular.

Encuentra amigos de Facebook a quienes seguir

Tú eliges a quién sigues y nunca publicaremos en
Facebook sin tu permiso.

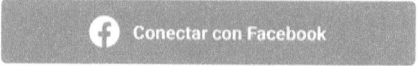

Omitir

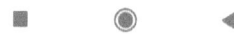

En este apartado podremos agregar amigos de nuestra cuenta de
facebook o podremos empezar de cero, mi recomendación sigue
siendo la misma: comenzar sin seguir a nadie hasta que tengamos algo
para mostrar y no solo una cuenta solitaria y vacía.

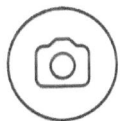

Agregar foto del perfil

Agrega una foto del perfil para que tus amigos te
reconozcan.

Agregar una foto

Omitir

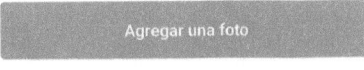

En este apartado deberemos subir una fotografía, recomiendo
mucho que al subir la fotografía sea de buena calidad y buen encuadre
(más adelante te daré unos consejos de fotografía profesional aplicada
en dispositivos móviles o incluso realizada con teléfonos móviles.) así
que piensa muy bien qué imágen pondrás en la foto de perfil ya que
para que funcione todo deberás evitar cambiarla a cada rato, pues la
foto de perfil se convertirá con el tiempo una forma de sello personal
donde tus seguidores podrán reconocer tu cuenta.

← **Nueva publicación**   →

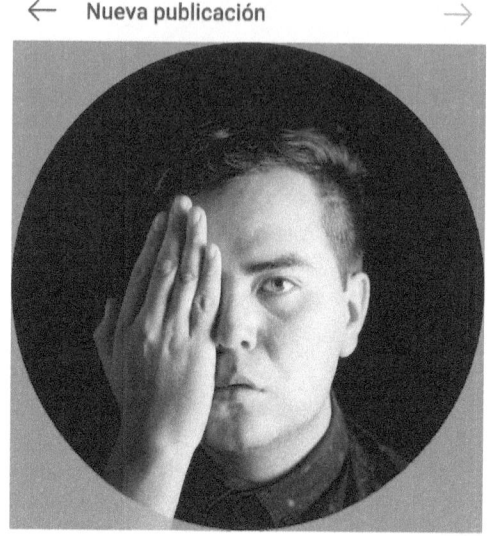

Recorta la foto

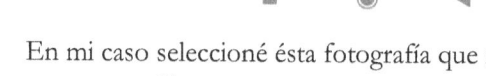

En mi caso seleccioné ésta fotografía que me he realizado para mostrar en este libro, y mostrarles cómo podemos crecer de forma concreta en algo, en mi caso usaré instagram de la forma "difícil de crecer" según algunos gurús de las redes pero utilizando las herramientas fuertes que te brindaré y así te demostraré como ésta sencilla cuenta se puede convertir en una cuenta poderosa de sí misma mostrándote todas las formas de llevar una cuenta personal o de marca.

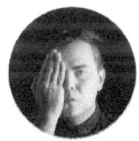

Se agregó la foto del perfil

Cambiar foto

Comparte esta foto como publicación

Usa esta foto en tu primera publicación para que las
personas puedan indicar que les gusta y comentarla.

Siguiente

En ésta sección la aplicación después de subir tu fotografía te dará
la opción de publicarla como una primera publicación y por el
momento diremos que no, ya que te mostraré a como tener increíbles
resultados desde tu primer publicación, así que daremos opción
siguiente y desactivamos la casilla de publicación.

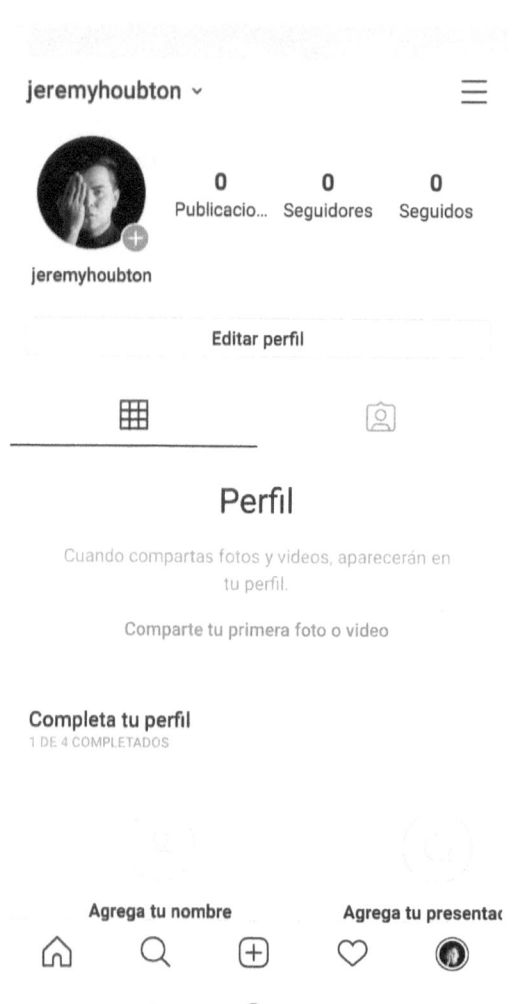

Una vez que tenemos el perfil creado tendremos prácticamente la estructura de nuestra futura cuenta empresarial, profesional o de carácter visual de instagram.

10 DATOS INDISPENSABLES QUE DEBES CONSIDERAR PARA TU CUENTA DE INSTAGRAM

1.- Tu perfil siempre debe ser público, ya que estamos creando un perfil de marca personal o de empresa, los futuros seguidores deben encontrarse de forma fácil, con tu nombre de usuario corto y que puedan recordar como perfil personal o profesional, si tu cuenta la usarás para marca o empresa debes tener en cuenta que la imagen de perfil debe ser el logo de tu empresa, fotografía de la misma por fuera o algo que represente tu empresa y que los clientes o seguidores puedan encontrarte de forma fácil, que puedan saber que eres tu para brindarles el mejor servicio sin importar a qué gremio desees llevar tu cuenta.

2.- Cuida la presentación de toda tu cuenta, aquí haremos un paréntesis y te mostraré cuentas de Instagram dependiendo a qué tipo de público te direccionara, de nuevo te mostraré algunos perfiles de Instagram que llevan sus cuentas a otro nivel y deberemos seguir algunos pasos de diferentes Influencer para que nuestra cuenta sea un verdadero perfil de atracción, posteriormente te recomiendo algunos perfiles de Instagram que puedes usar de referencia, es indispensable recordar que al igual que tu cree una cuenta de instagram justo cuando he escrito este libro para que puedas comprobar que la forma de hacer todo esto sirve de manera eficiente y que solo necesitas seguir los pasos y utilizar las herramientas que te estoy brindando.

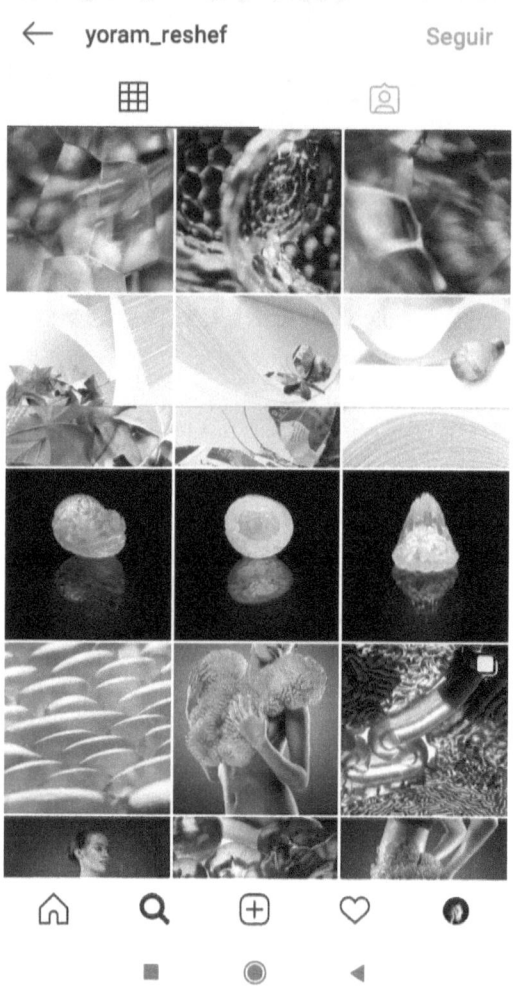

Comencemos por analizar éste tipo de concepto vial (Visual Concept) El perfil de yoram_reshef mantiene una línea de colores que van de los muy oscuros a los muy claros, teniendo una armonía visual muy interesante principalmente por el tipo de fotografía.

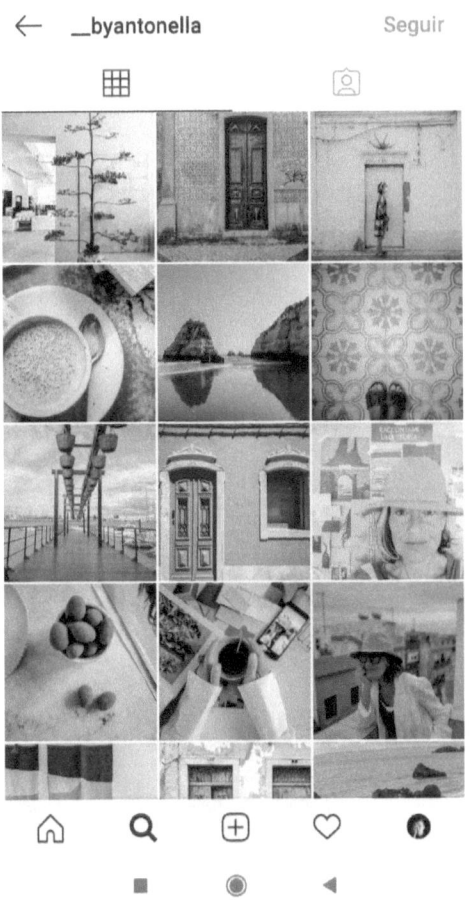

_byantonella utiliza un perfil con tonos azules y claros que muestran una forma curiosa de llevar la fotografía con filtros a otro nivel, desde días nublados a objetos que puedan tener la misma cromática de color que su perfil busca tener en cada fotografía, también debemos apuntar que la mayoría de sus fotografía están editadas de forma profesional, ayudando a que su perfil sea más homogéneo y plasme la energía de misticismo, tristeza y descubrimiento arquitectónico que a

sus seguidores les fascina.

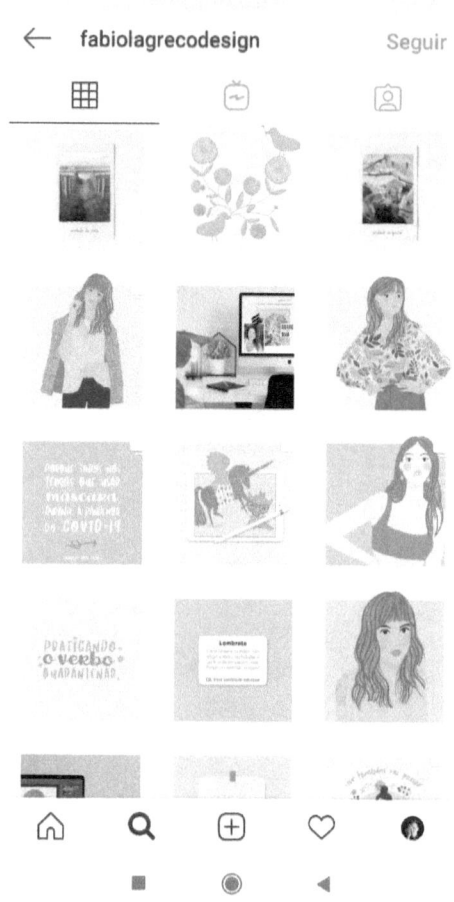

Los perfiles de ilustración como el de fabiolagrecodesign también se convierten en algo muy llamativo para los amantes de la ilustración en colores pastel, ya que aquí mezcla el texto con gráficos, algo que está de moda en muchos de los usuarios de instagram pero que no recomiendo ya que se pierde la esencia principal de Instagram que es mostrar fotografías, ilustraciones, imágenes, tratando de que las letras o textos grandes queden de paso como una simple moda y puedas perder tendencia en un tiempo, aunque muchos gurús de Instagram

recomiendan hacerlo y otros no lo hacen.

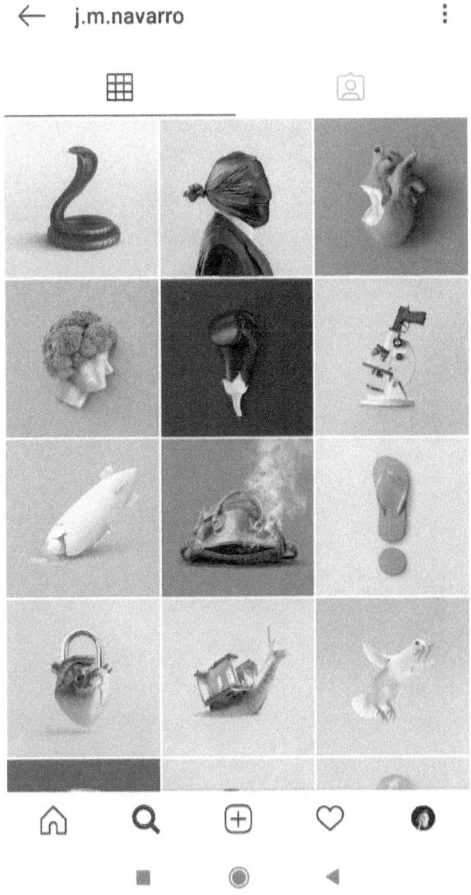

Uno de los perfiles que me encantan es el de j.m.navarro, ya que mezcla los colores con creación de cosas en 3D, para lo que para algunos son fotografías, para otros son expresiones de inmensas palabras en una sola imágen que al juntarlas nos muestra un inmenso mundo de creatividad aplicada al diseño, logrando tener clientes

potenciales al mostrar sus proyectos personales o encargos.

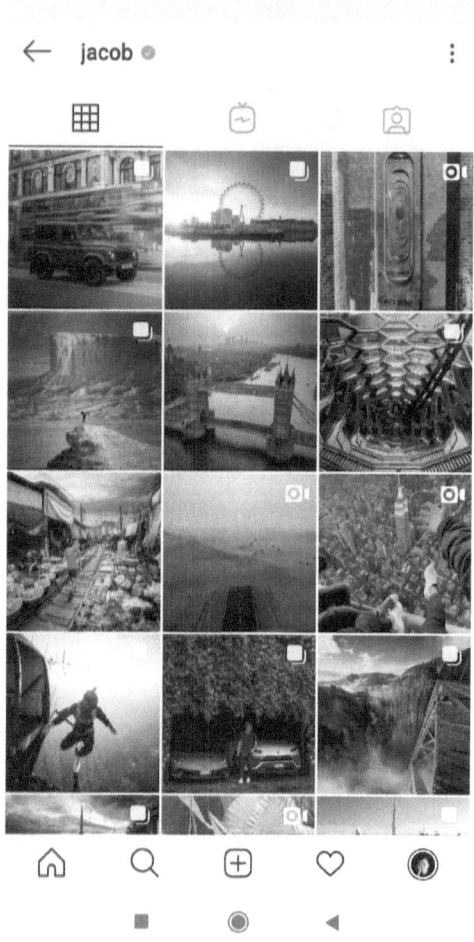

Jacob, uno de los perfiles de Instagram de fotografía en deporte extremo como es el paracaidismo, muestra al igual edificios, ciudades, incluso los múltiples helicópteros que lo transportan al cielo a realizar lo que más le gusta y le apasiona, es por eso que es muy importante que al crear tu cuenta de instagram estes bién definido a lo que te apasiona para poder crear un perfil personal de alta calidad, divertido y con grandes posibilidades de atraer clientes potenciales al mostrar

las imágenes que planees.

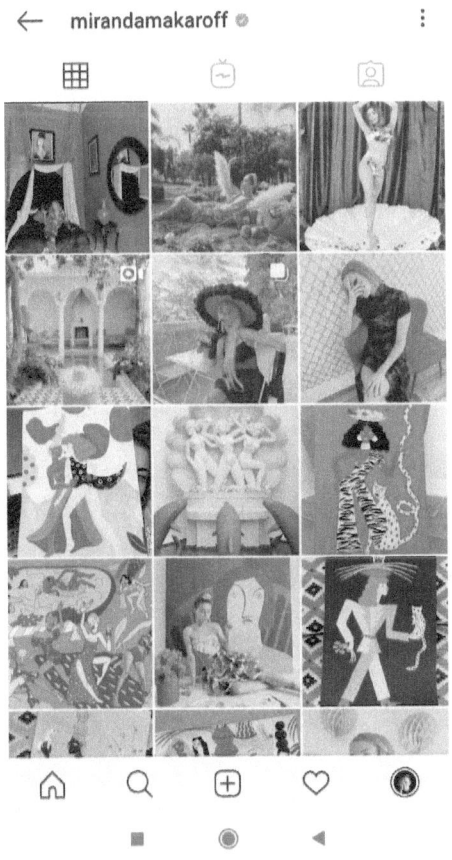

mirandamakaroff es uno de los perfiles más inusuales de instagram puesto que muestra lo que muchos llamarían "indecencia de mezcla" refiriéndose a semidesnudos y colores "chillantes o fuertes" sobresaturados pero con un toque de diferentes artistas famosos que si tomamos un poco de atención y que a pesar de ser un poco abstracto, nos mostrará el arte clásico mezclado con el arte moderno en formato digital, es por ello que su perfil ha sido todo un éxito, mostrando una forma de originalidad que deberemos buscar tener

nosotros sobre el tema que nos apasiona.

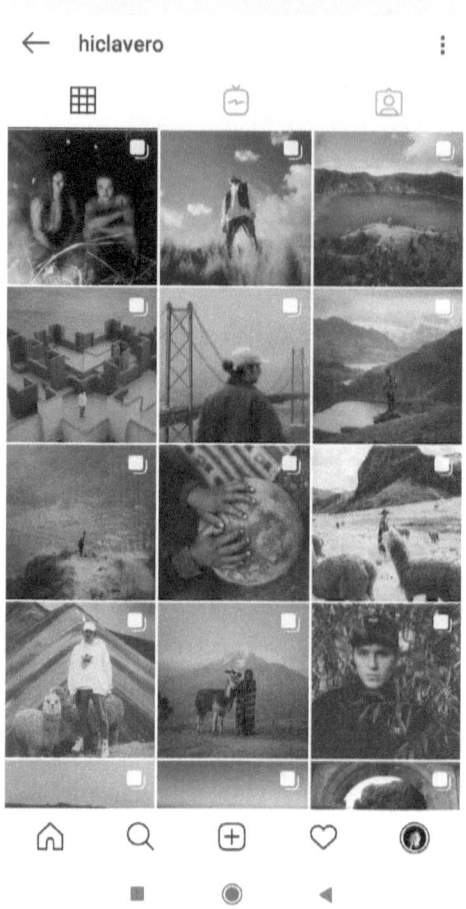

hiclavero es un joven que radica en españa pero nacido en sudamérica que muestra fotografía de viajes que realiza y muestra en su canal de youtube, su principal trabajo es la plataforma de videos pero logra tener una gran captación de público gracias a sus increíbles fotografías que aunque parecieran sencillas tienen un tipo de composición que aprenderemos más adelante yq ue nos brindarán una calidad de perfil

increíble.

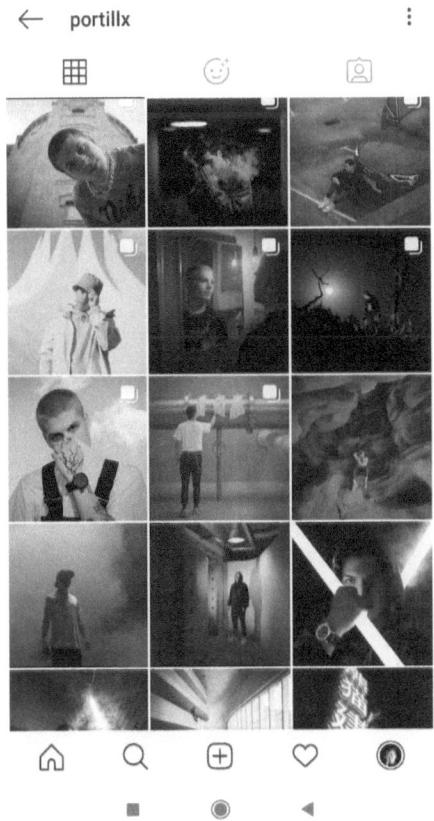

portillx es el perfil de portillo, el joven que realiza videos para la plataforma de youtube sobre Urbx o exploración urbana, en las cuales realiza fotografía de alta calidad en las calles, alcantarillas, cerros, frente a restaurantes o en faros de barcos, mostrando que la fotografía puede ser increíble sin importar el lugar, así que no tienes ninguna excusa para no hacer un perfil de Instagram con una temática

que te agrade.

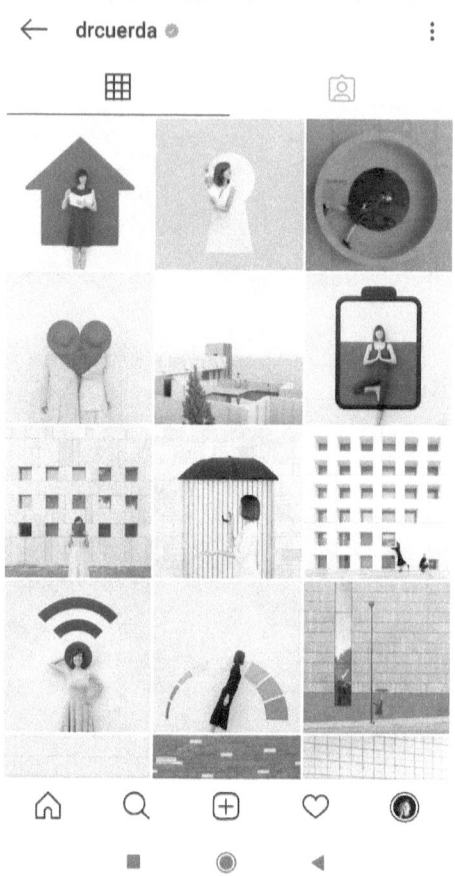

drcuerda es un perfil que combina la arquitectura con la cromática de colores pastel y vivos rojos, nos muestra que una barda cualquiera, la pared de un edificio, algunos simples anuncios o señalamientos pueden ser buenos spots (locaciones) para realizar fotografías llenas de creatividad y potencial para una cuenta increíble, no importas que tipo de cuentas harás, lo que importa es el contenido que vamos a

crear para llevarla al éxito.

Ahora que conoces los tipos de imagen, fotografía o diseños que puedes emplear para tener un instagram de forma profesional te mostraré los nueve estilos más importantes de llevar tu cuenta, porque no solo las fotografías hacen un buen perfil si no que todo tenga armonía visual.

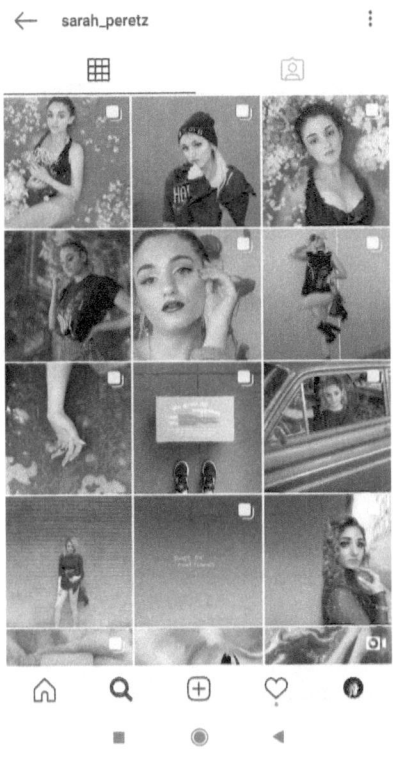

Acoíris

Es uno de los estilos más impactantes para las personas que gustan de colores explosivos utilizados para mostrar las fotografías que acomodadas de una forma pueden lograr cubrir partes de colores entre si, como un puzzle colorido.

Es importante recalcar que el trabajo es muy creativo y de alta calidad, esto quiere decir que debemos planear las fotografías para realizarlas y también para editarlas.

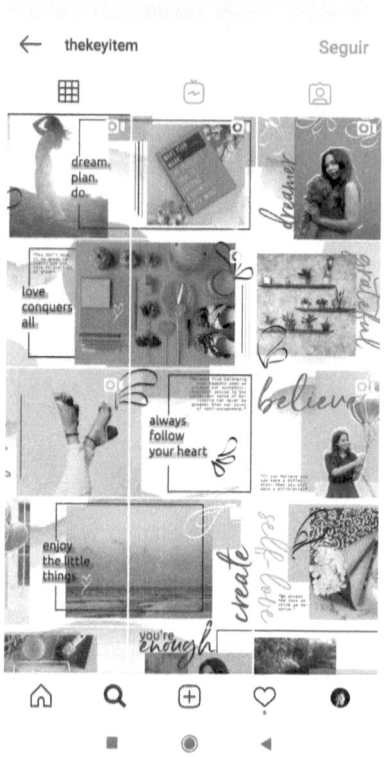

Rompecabezas

este es uno de los estilos con más planeación, ya que enlaza las
fotografías y diseños entre sí, haciendo una realidad diferente de la
forma ordinaria de publicar, requiere una alta planificación del
contenido por hilera pero la calidad visual es completamente
impresionante, mezclando textos, diseño, fotografía y efectos en una
misma calidad de publicación, si decides realizar este tipo de estilo
para tu Instagram más adelante tomaremos las aplicaciones que te
permitirán realizar increíbles efectos visuales que se muestran en
todos los estilos, lo que debes tomar en cuenta es que al publicar
deberás publicar como en la mayoría de los estilos 3 fotografías
seguidas para que cumplam la función visual y evitar que desplacen a
las demás publicaciones.

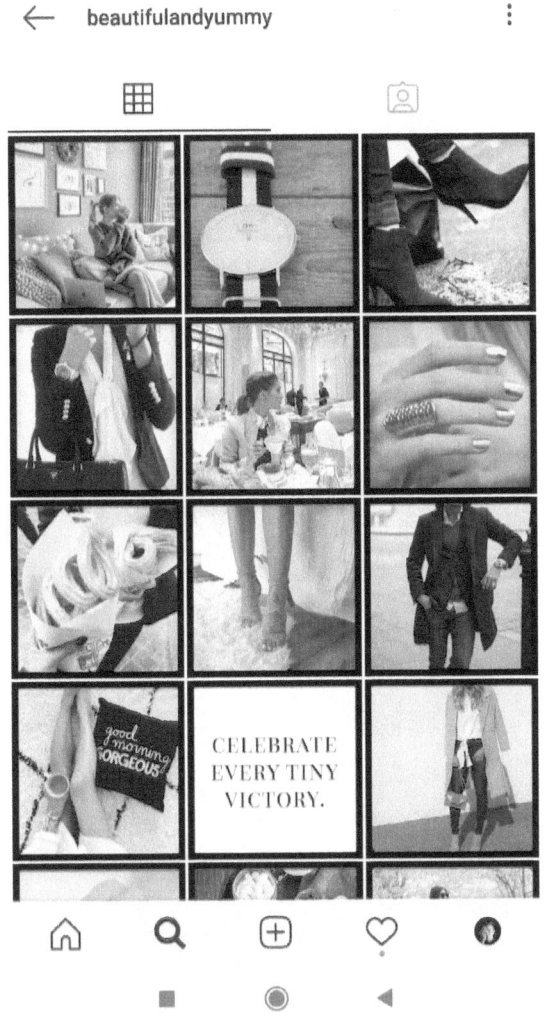

Bordes negros

El famoso estilo de revista, puesto que muchas revistas utilizan bordes negros para resaltar el contenido dentro de los recuadros o de las páginas, este perfil es enfocado al nicho empresarial, aunque para algunos será muy oscuro para sus marcas.

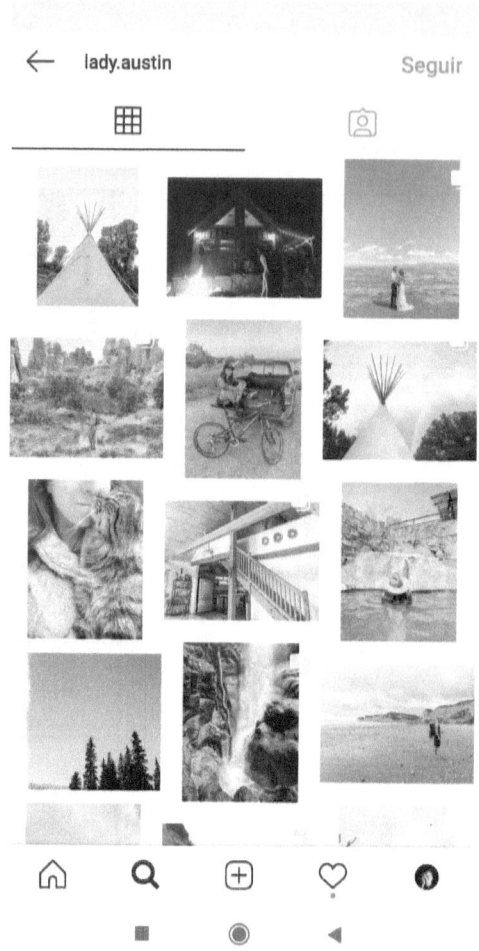

Bordes blancos mixtos

Es no de los estilos que a muchos les agradará, debido a que la parte de publicación de Instagram es estrictamente cuadrada o rectangular vertical, este tipo de fotografías o estilo de publicación genera un estilo diferente al que usualmente estarás acostumbrado a ver dentro de la plataforma, logrando que puedas realizar una cuenta con un estilo único, además puedes utilizar los estilos de fotografía, diseño o de imagen para complementar dicha estrategia y llamar la atención de más personas a tu cuenta.

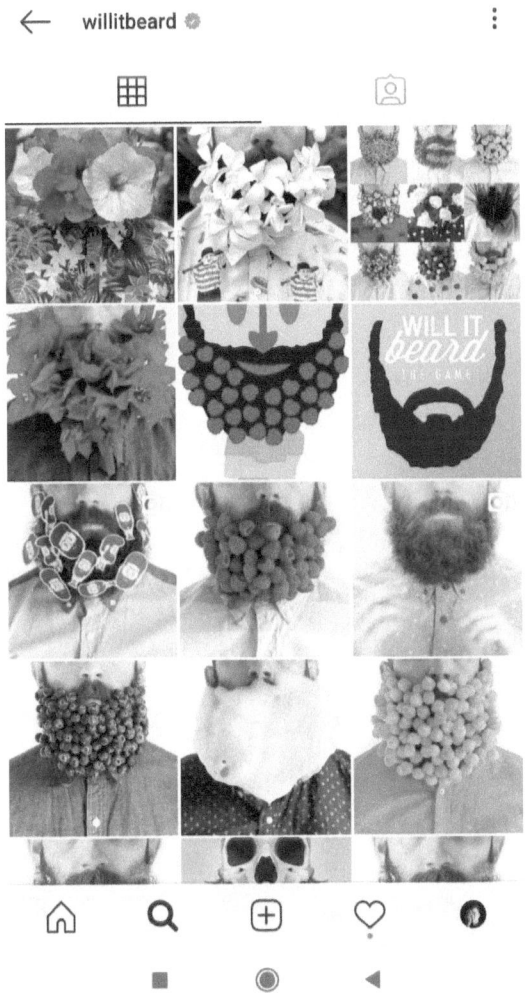

Monotheme

Si eres muy obsesivo, apasionado y tienes bastante tiempo libre, este estilo es para ti, solo debes tomar en cuenta que requiere mucha planificación para poder disfrutar de un resultado alucinante.

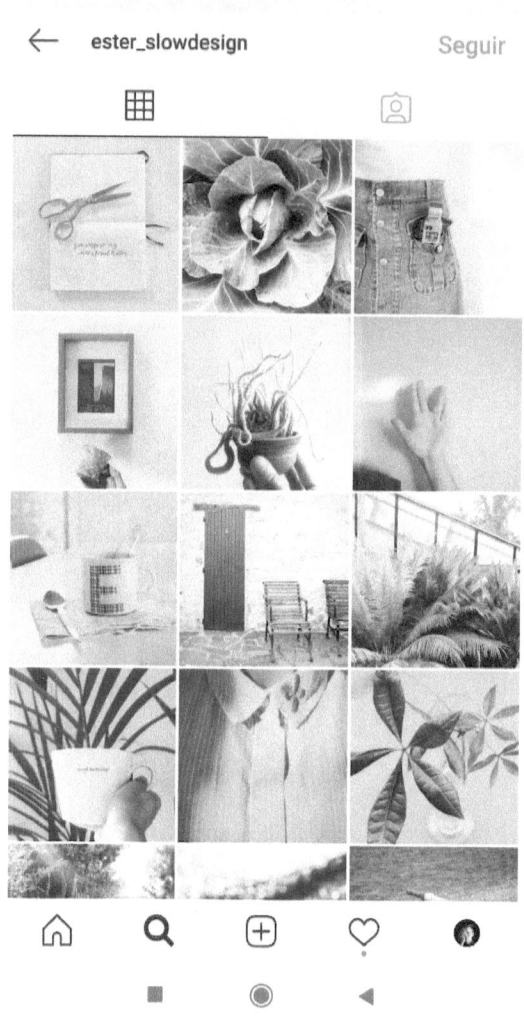

Coordinado de color

Este estilo es muy creativo y fácil de hacer aunque un poco laborioso, primero deberás elegir tu estilo de colores favorito, estos colores serán la base de tu feed que deberás alimentar siguiendo la misma línea cromática, una vez elegido; harás fotografías resaltando la cromática que has elegido y pensando bien los espacios con o sin color para mostrar un estilo diferente, fresco e increíble.

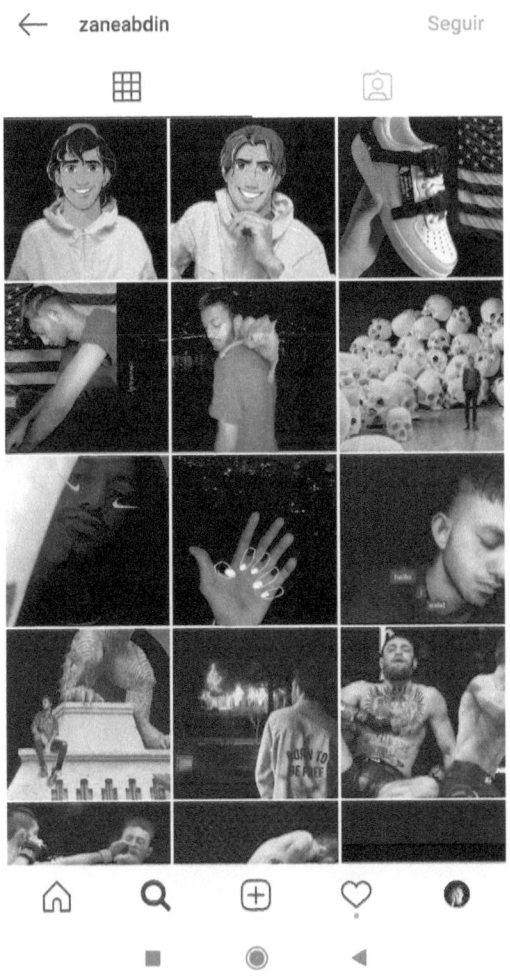

Blanco y Negro

Uno de los temas más controversiales entre los fotógrafos y amantes de la fotografía es el concepto de blanco y negro, muchos optan por no publicar nada en monocromático y otros eligen realizar sus perfiles siguiendo esta línea de color básico, así que dependiendo de tu rubro deberás elegir qué concepto le cae mejor a tu cuenta, puedes hacer pruebas con todo antes de lanzar a la luz tu nuevo perfil de instagram.

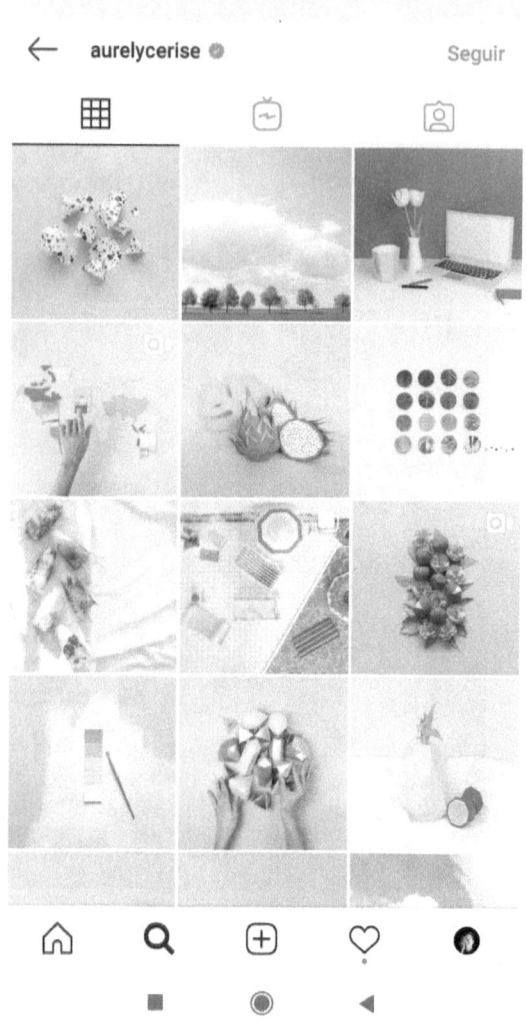

Color Block

Fresco, juvenil, actual, un verdadero estilo que puedes utilizar con una cromática de colores pastel, para algunos es retro, pero para otros es innovador, claro, sencillo y directo para ventas de productos orgánicos, artesanías, papiroflexia, entre muchos más.

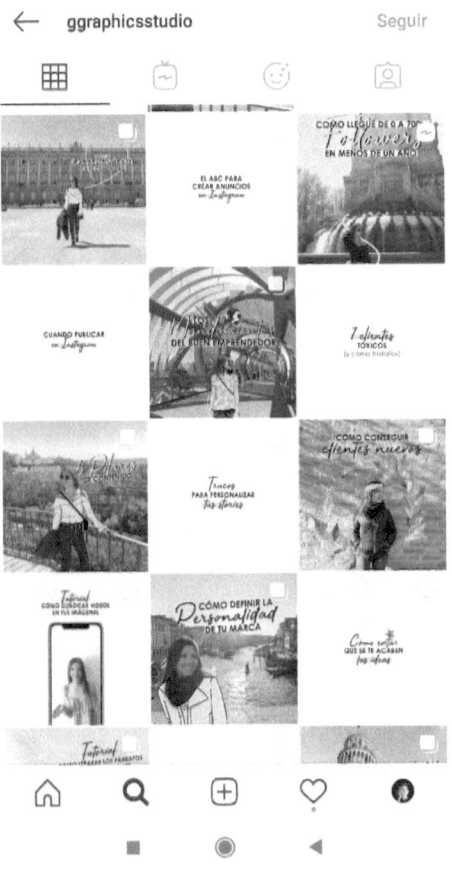

Ajedréz

Un estilo que asemeja el tablero de ajedréz, uno de los más usados pero también es uno de los menos recomendados: te explico, éste concepto al ser uno de los de "moda" lo podrás encontrar en muchos lados porque es el más fácil de realizar sin embargo será complicado subir de seguidores si tus fotografías no están 100% compuestas, ya que prácticamente la mitad de tu feed está plagado de textos, es decir que va en contra de la idea principal de Instagram de mostrar fotografía, así que eres libre de usarlo e intentar subir seguidores con uno de los feed más complicados e incongruentes sobre la linea principal de Instagram.

3.- Mejora tu contenido día a día, no te quedes "estancado" sobre una calidad, un tipo de filtro o incluso una fotografía que puedas editar, recuerda que todos los días las personas buscan contenido que admirar, que seguir o en que inspirarse, y tu puedes ser una de las personas que inspire a los demás a crear, a ser creativos o a seguir y ver tus trabajos y fotografías de tu perfil de instagram.

4.- Utiliza Hashtags y descripciones, en este momento haré otro paréntesis y te mostraré las herramientas que podrás utilizar para elegir los correctos hashtags, utilizando diferentes aplicaciones y creando tus propios hashtags que podrán impulsar tu contenido a los nichos que buscas.

Es importante mencionar que los Hashtags son etiquetas y que las etiquetas funcionan como si fueran direcciones de grupos de personas, por ejemplo: si eres una persona que degusta mucho por la comida mexicana, puedes buscar la dirección donde se encuentra un grupo de comida mexicana y si no sabes buscar podrías terminar en un grupo de personas veganas y viceversa.

Así que una vez sabiendo como funcionan las etiquetas es momento de utilizarlas en la primer publicación, sin dejar de lado que debemos agregar un texto corto (recuerda que en Instagram las personas buscan algo muy visual, no buscan miles de letras que leer, ni textos demasiado largos porque no los van a leer) es fácil comprobar ésto, tú mismo no leerías mucho texto si la imágen no te llama la atención, quizás si lo hace podría tener más oportunidad de que sea leído pero no garantiza nada, recuerda que debes de llamar la atención a modo de que las personas gusten de regresar a tu perfil a ver tus fotografías e incluso comentar sobre ellas y reaccionar con el corazón sobre tu fotografía, imagen o ilustración, así que ahora mismo te muestro como funcionan los # dentro de una aplicación que puede encargarse de los hashtags por ti.

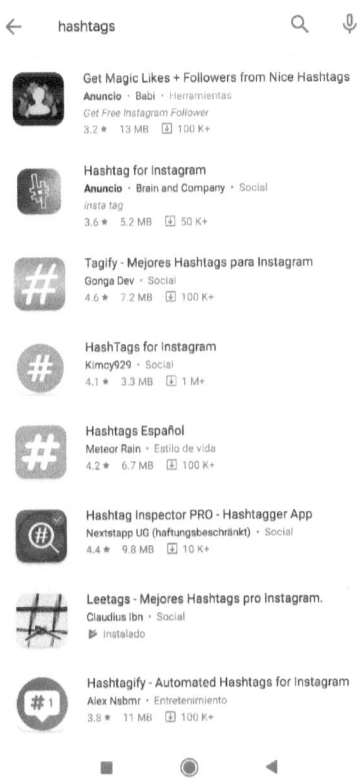

En Google Play y App Store existen diversas aplicaciones que se encargan de generar los Hashtag que necesitas, utilizan algoritmos de búsqueda en tendencias con la base de datos de Instagram y pueden brindarte grandes resultados de etiquetas dirigidas a las que estás buscando., es por eso que he preparado unos ejemplos de algunas categorías que podrían serte útiles y ver cómo funciona la aplicación de etiquetas o Hashtags para Instagram. (En este caso utilizaremos la app color amarilla o segunda de abajo hacia arriba llamada Leetags para esta demostración).

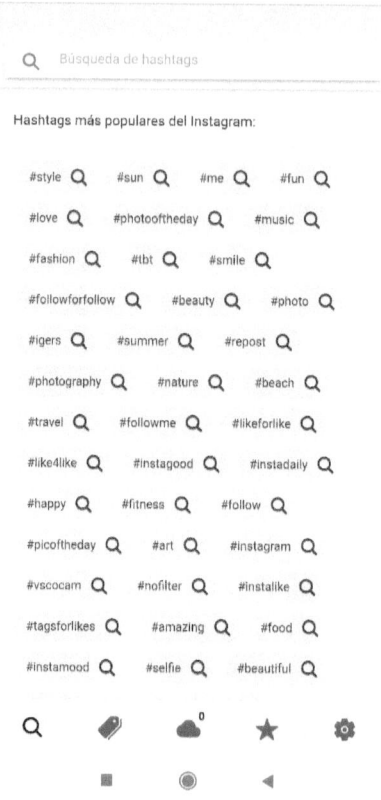

Para poder comenzar descargamos la app e instalaremos, después en el inicio nos mostrará una barra de búsqueda (prácticamente todas las aplicaciones de etiquetas tienen esta barra de búsqueda). y elegimos el ramo que queremos buscar que tenga referencia a nuestra fotografía, imagen o ilustración que posteamos en Instagram (El término postear

se refiere a un post, o publicación de la fotografía o texto).

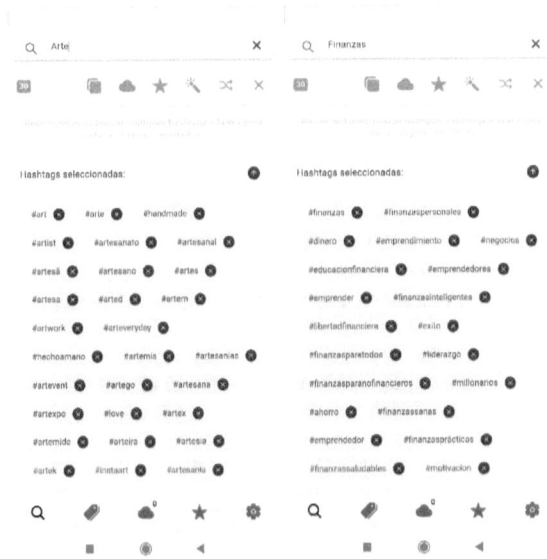

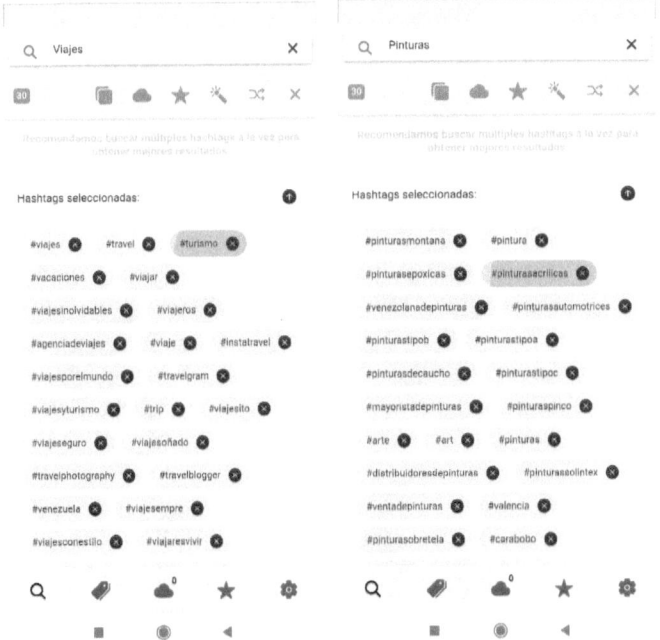

Esos son algunos ejemplos de como podemos buscar los Hashtags, posteriormente le daremos el ícono de copiar (como de dos hojas encimadas) y tendremos que ir a la aplicación de Instagram para elegir nuestra fotografía a subir, recortar o escalar, agregar un filtro y colocar texto, aquí es donde se pone interesante puesto que gran parte de que tenga o no éxito nuestra publicación y nuestro instagram es hacer de forma correcta ésta parte, ya que nos traerá seguidores (es una de las formas de hacerlo, más adelante tomaremos más métodos de atracción de seguidores).

Aquí te revelaré otro secreto de Instagram, el texto que agregues trata de que sea relacionado a la imagen que pondrás pero que no sea muy extenso, es decir si tu fotografía es sobre un edificio de la independencia de tu país puedes redactar un texto de unos dos o máximo de tres renglones, ten en cuenta que la ortografía es inmensamente importante en el texto pues si piensas hacer una marca personal o de tu empresa es indispensable que las personas vean seriedad en tus fotografías que muestran productos, personas o a tu misma empresa, posteriormente agregamos los hashtags, ¿pero cuantos hashtags puedo poner? éste dato es importante porque solo podrás agregar hasta veinticuatro etiquetas, si agregas más que eso será difícil que puedas ver las etiquetas publicadas puesto que el mismo Instagram te las eliminará y tu fotografía solo se publicará con texto pero sin métodos de que pueda llegar a muchas personas así que te recomiendo solo agregues 20 hashtags de la aplicación y los otros 4 los gregues para personalizar tu marca, tu imagen personal o tu cuenta, es decir agregues Hashtags personalizados por ejemplo:

#MarketingParaInstagram #Houbton #TendenciVisual #Datos

4.- Interactuar con tus seguidores y tus fans, este temas es de suma importancia, aquí viene otro poderoso consejo que atraerá seguidores, fans o clientes potenciales a tu cuenta: cada que interactúas con las personas, entras a sus perfiles y le generas al menos 5 reacciones en varias publicaciones, el mismo usuario sentirá la necesidad de devolver el favor e irá a tu cuenta a regresarte esas mismas reacciones o incluso más, al igual que si le gusta tu concepto visual te comenzará a seguir, dado que los algoritmos de la gran red neuronal de Instagram funcionan similarmente a los de facebook, ésta red neuronal comenzará a darse cuenta que comienza una gran interacción, así que comenzará a mostrarte cuentas de personas con similitudes a los hashtag de las fotografías a las que has reaccionado, y viceversa, comenzará a mostrar tu perfil a otras cuentas en común, al comenzar el aumento de interacción con las personas que te siguen, que reaccionan a tus publicaciones y comentarios, la misma red neuronal comenzará a mostrarte a más personas y comenzará a mostrarles tu perfil a otro puñado de personas y así comienzas a dominar una parte del inmenso algoritmo de la plataforma, atrayendo seguidores, fans o clientes potenciales de una forma acelerada, potenciados con tu concepto visual, texto y los poderosos hashtags.

5.- Hashtags y descripciones, como lo hemos mencionado antes es indispensable que no publiques más de veinticuatro hashtag y no más de 3 líneas de texto enfocado a la fotografía que publicamos.

6.- Mejora tus contenidos con aplicaciones que podrán brindarte opciones creativas àra publicar tus fotografías e incluso obtener un estilo propio.

7.- Actualiza tu Instagram a diario, es indispensable que diario al menos dediques una media hora para interactuar, pero también necesitas publicar una vez al día, ya sea las tres publicaciones que podría demandar tu estilo de feed o una sola publicación, pero no dejes de publicar.

8.-Recuerda que tu contenido debe ser limitado, esta esa una de las reglas fundamentales, si posteas 10 fotografías al día todo comenzará a rodease de seguidores que quizás abandonen tu perfil, debes ser selectivo en tus publicaciones y publicar como se menciona en el punto 7, no queremos que tus seguidores comiencen a bajar porque brindas mucho, recuerda que si eres exclusivo las personas no se hartaran de tus publicaciones y crearás más llamada a la acción, pero recuerda como a todo debes invertirle tiempo y dedicación y ésto es una de esas cosas que te brindarán resultados desde el primer mes, pero que podría convertirse en un influencer con seguidores, fan y clientes reales sobre tu rubro.

9.- Sigue personas de tu rubro, temática o estilo, al seguir a las personas de tu rubro o temática te mostrarán sugerencias de personas que están relacionadas con los intereses de esa cuenta que seguiste, recuerda que Instagram es una aplicación de nichos en específico y es fácil encontrar a las personas que estamos buscando, así que te recomiendo seguir a unas ocho o nueve personas por día e instantáneamente algunos de sus seguidores te comenzarán a seguir, aunque no lo creas así es y podrás comprobarlo, así que anota este otro poderoso tip que acabo de darte, sin duda podrás ser un perfil reconocido si sigues al pie de la letra cada uno de los recursos y herramientas que te brindo en este inigualable libro tan completo que no encontrarás alguno en otro lado.

10.-No mezcles contenidos, es un error mezclar contenidos, ya que tus fans o seguidores están acostumbrados a un concepto visual que les has brindado, pero si te llevan las ganas de publicar algo fuera de contexto del concepto visual todo comenzará a destruirse, las personas no te tomarán en serio y no tendrá coherencia lo que estás haciendo, al inicio del libro te muestro como hacer una cuenta y el cómo puedes llevar varias cuentas en un dispositivo, así que si quieres hacer un instagram para cosas personales hazlo pero no mezcles contenido en el perfil empresarial o de marca que estamos realizando.

Comienza a implementar las herramientas esenciales

Ahora que tienes una idea de cómo debes realizar tu concepto visual y hayas elegido tu forma de colores favorita o que se adecúe a tu marca, producto o servicio te recomiendo empezar, es decir necesitas tener tu perfil público, si quieres tener seguidores y comenzar a mostrar todo, es necesario que lo tengas en público, muchos usuarios deciden ponerlo en privado para mantener un poco de privacidad, si tu quieres crecer, te sugiero no lo hagas, siempre debe ser público.

Recuerda que la foto de perfil es la primera imágen que mostrarás al mundo, hace unas páginas te explicaba que será como tu marca personal, tomaremos el ejemplo de mi fotografía de perfil que creamos hace un momento para mostrarte una forma de iluminación:

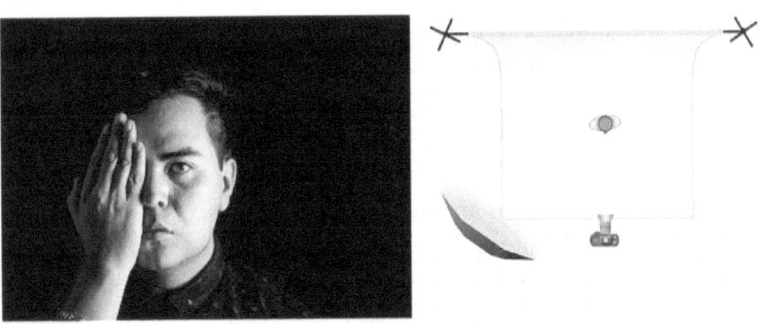

En ésta fotografía el diagrama permite que observes donde está la iluminación artificial (en diagonal a mi rostro) y la cámara al frente a una distancia de dos metros, dejando un espacio de un metro del fondo a mi espalda.

Crea increíbles fotografías con dispositivos móviles

Recuerda subir imágenes de calidad, si no tienes una cámara fotográfica, recuerda que siempre puedes utilizar la cámara de tu teléfono o tablet, incluso la webcam de tu laptop, aquí te mostraré unos tips para realizar fotografía con dispositivos móviles.

1.- Conoce tu cámara, la mayoría de las personas solo abre la aplicación de cámara y toma una fotografía y listo, ahi acaba todo, pero dejan de lado las funciones increíbles que puede llegar a tener, así que te mostraré los secretos de la fotografía con dispositivos móviles.

2.- Mejora tu fotografía limpiando el lente de la cámara, muchas veces me preguntan amigos o familiares el porque si tienen un dispositivo de gama alta o media, sus fotografías se ven borrosas y les muestro que simplemente deben limpiar la cámara con algún pañuelo o con la misma playera que traen, la mayoría de las veces al sacar el dispositivo del bolsillo o mochila tocamos sin querer la cámara con los dedos y no siempre mantenemos una limpieza consciente en ellos, incluso a veces la misma grasa que se acumula es la que nos juega una mala racha en nuestras fotografías, algunos amigos compran unas bolsas de tela que parecen costalitos y ahí traen el teléfono, incluso les sirve como pañuelo para limpiarlos cuando hacen fotografías en la calle o en los viajes, brindando al dispositivo una larga duración de limpieza.

3- Balance de blancos y color, la mayoría de los dispositivos móviles como tu teléfono celular cuenta con la opción para el balance de blancos, brillo y color, antes de tomar una fotografía te recomiendo seleccionar el balance de blancos acuerdo al spot o locación donde te encuentras para realizar las imágenes, toma en cuenta que si es en el exterior y el día es muy soleado o nublado, o incluso si te encuentras en el interior de tu residencia, de un local abierto o cerrado, será necesario juegues un poco para tener una armonía entre los colores oscuros y los tonos claros, te recomiendo que los blancos jamás dejes que se vean totalmente blancos, esto en fotografía se llama sobre exposición, etc. Las cámaras mejor desarrolladas te pueden dar el balance de manera automática, pero tienes que darle unos segundos para que ella lo haga por ti.

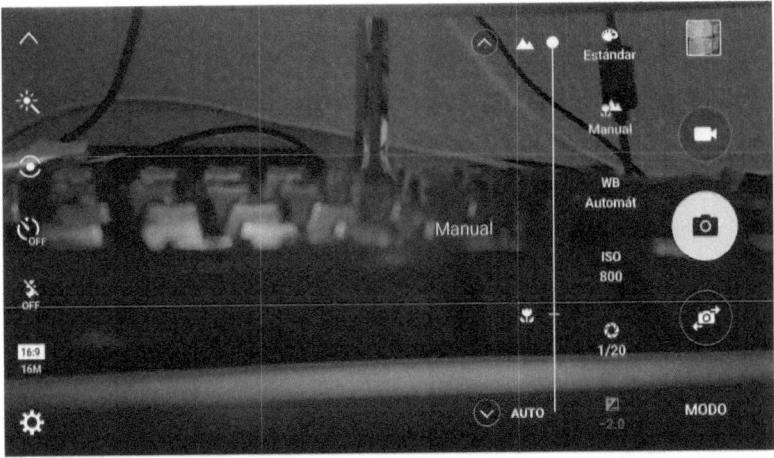

En esta imagen podremos ver la cantidad de recursos que tiene la cámara y que podemos experimentar para realizar fotografías increíbles con ella.

4.- Máxima resolución, es uno de los temas indispensables para que tu fotografía a la hora de ser escalada o editada en instagram pueda tener una resolución buena y sin pixeles que puedan dañar la imágen de tu concepto visual.

5.- Tipos de encuadre para mejorar tus fotografías, existen una gran cantidad de tipos de encuadre y te dejaré los que podrías utilizar para tomar fotografías y se vean de forma correcta.

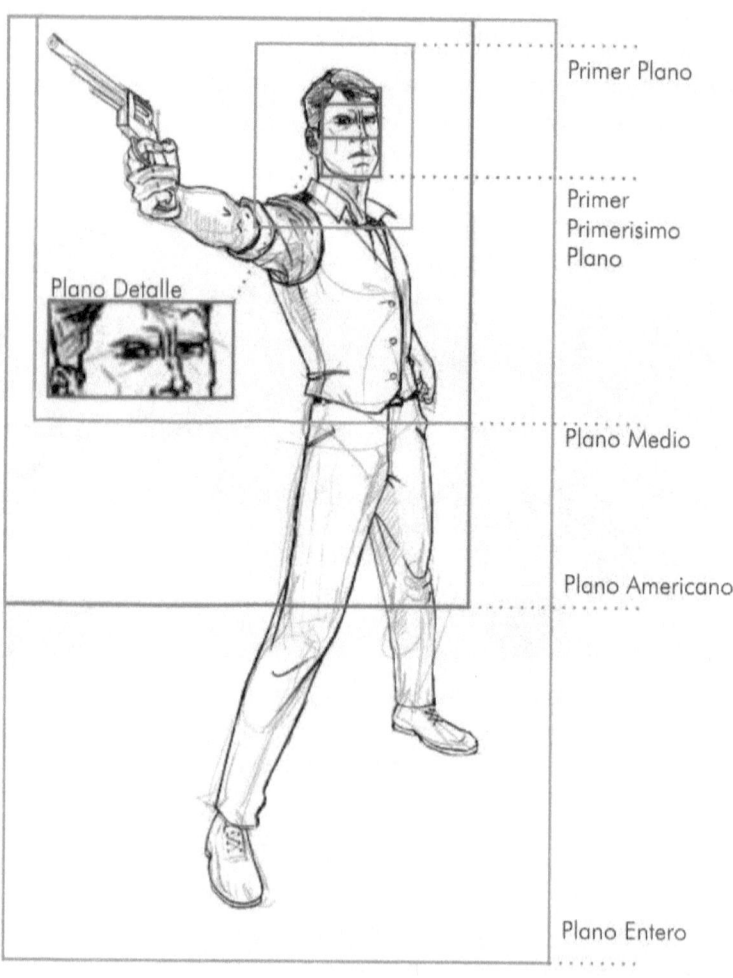

6.- Iluminación, es razonable que a mayor iluminación mejor definición y claridad tendrá la foto, incluso sin tantos megapixeles pero esto no quiere decir que jugar con la luz está prohibido. Las cámaras fotográficas de los dispositivos móviles cuentan con sensores que te facilitan el trabajo según sea el caso, como por ejemplo captar un multicolor al amanecer, así que te mostraré las formas de iluminación que puedes utilizar para tus fotografías:

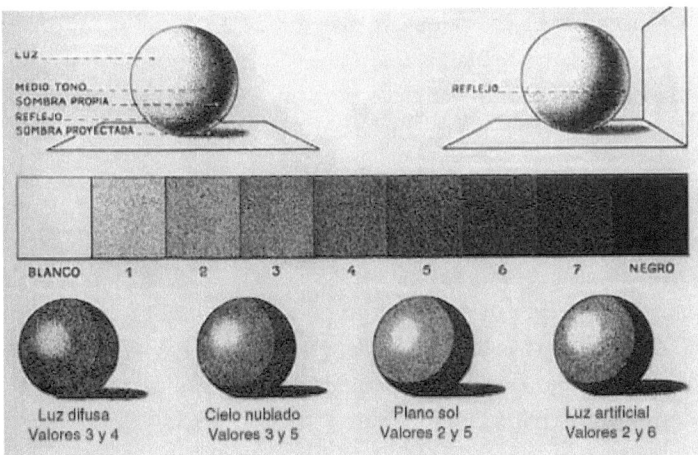

Utiliza esta imagen de guia para la iluminación que quieras brindar al objeto, a la persona o a una mascota que quieras fotografiar para agregar tonalidades de sombra, entre más cerca esté la fuente de iluminación artificial de un objeto, la sombra será más fuerte y entre más lejos la sombra será más débil, es decir que así será la forma de graduar la sombra.

Toma en cuenta que también puedes usar diferentes tipos de iluminación ya sea cálida o fría, o comúnmente se conoce como amarilla y blanca, así podrás jugar con tonalidades de iluminación, en algunos casos utiliza papel celofán de colores para crear fotografías con temáticas de luz controlada que puedan ayudar a tu concepto visual.

7.- Estabilidad de la fotografía, recordemos que una fotografía bien enfocada y estable llama más la atención que una fotografía borrosa, además de que puede generar mayor atracción a la cuenta, sin en cambio si tu concepto visual se trata de fotos o imágenes borrosas, entonces deberás hacer muchas fotografías así, cabe mencionar que incluso para hacer muchas fotos borrosas llevan una estrategia, una planeación y un tipo de encuadre para que puedan tomar armonía a la hora de publicarlas, también debes considerar los colores que has elegido y el cómo se verán en una fotografía borrosa.

8.- Evita usar Flash, ya que la mayoría de las veces no es una luz que se controle en su totalidad y puede generar "ojos diabólicos" rojos, reflejos que no serán estéticos para las fotografías, trata de utilizar la luz natural o controlada como en el punto 6.

9.- Evita el Zoom, ya que todos los teléfonos no tienen un zoom mecánico, siendo una forma escalada de la imágen, produciendo baja calidad en las fotografías, sin embargo hay una herramienta increíble que puede hacer que tus fotografías sean inigualables en la mayoría de los casos, estoy hablando de la herramienta Macro, la cual te permitirá tomar a detalle cosas muy pequeñas o de muy cerca, mostrando un panorama diferente al que estamos acostumbrados.

10.- Utiliza herramientas digitales para crear imágenes extraordinarias, es por ello que en el siguiente tema te mostraré un tipo de concepto que podrías realizar tan solo con algunas aplicaciones que podrás descargar de manera gratuita, son tan poderosas como tu futura cuenta empresarial.

Edición de fotos

Existen diferentes aplicaciones que nos permiten editar fotografías en nuestro dispositivo móvil de forma sencilla y con alta calidad, así podremos brindar a nuestros fans una forma creativa de ver nuestros feeds, es por eso que tengo una recopilación de apps que podrás usar y algunos ejemplos que me han servido para hacer imágenes para clientes de forma urgente y sin estar frente al ordenador.

1. Adobe Photoshop Express
2. GIMP
3. Paint .et
4. Pixlr
5. Pixlr X
6. PhotoScape X
7. Fotor
8. Photos Pos Pro
9. InPixio
10. BeFunky
11. Estudio de Fotografía de Wix
12. Canvas
13. InstaSquare
14. Pixaloop
15. Color Splash

Muchas de estas aplicaciones te ayudarán a crear imágenes con movimiento, ediciones muy sencillas e impactantes en segundos como ejemplo utilizaremos la aplicación InstaSquare para hacer una imagen colorida y muy visual, lo único que necesitas es descargarla y elegir una fotografía de la galería, la aplicación se encargará automáticamente de recortar lo mejor posible tu fotografía y agregar un fondo diferente y un efecto de drip para que se asemeje a pintura escurriendo o algún elemento derritiéndose que dejará tu fotografía como una verdadera obra de arte gráfico y que permitirá que atraigas la atención de muchas personas, porque no solo éstas herramientas te serán útiles para instagram, si no que también puedes usarlos en tus demás redes sociales o hasta imprimirlas y enmarcarlas, lo importante es que nunca dejes de crear ni de experimentar con tu creatividad.

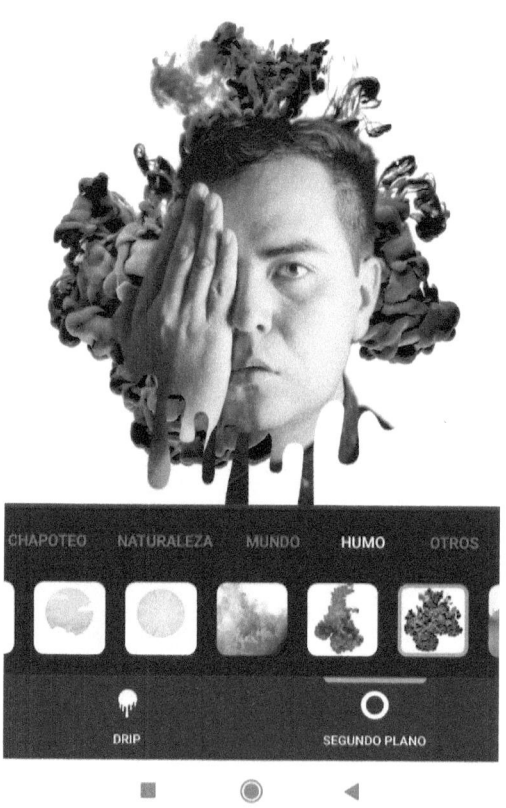

Aquí podemos mirar las increíbles herramientas que nos otorga la aplicación, donde solo ha seleccionado mi fotografía y ha borrado el fondo, pudiendo colocar fondos que yo desee tras mi imagen y el

efecto de drip al frente, logrando este efecto en tan sólo 30 segundos.

Imagen general del perfil

Para iniciar a editar tu perfil, debes tener en cuenta varios factores, que al crear nuestro perfil debe ser de una forma que las personas identifiquen la marca que estás lanzando al mercado, es decir: la presentación y los datos de información del perfil son indispensables para lograr un público objetivo, pero no en todos los casos es así, puesto que hay dos formas de hacerlo, colocando datos de todo lo que realizas   (Sirve mucho para las cuentas de marca, empresa, producto, etc.) y otra forma que se utiliza mucho en las cuentas de marca personal, donde las fotografías deben mostrar lo que haces, lo que ofreces o el valor que quieres darle a la cuenta para que los mismos usuarios detecten lo que muestra tu perfil, es necesario tener en cuenta que muchos dejan al menos un correo de contacto.

Te mostraré un ejemplo de cada caso, para que puedas discernir tu mismo cual se acopla a todo lo que ya has decidido hacer con tu cuenta:

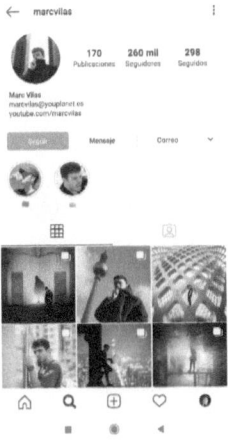 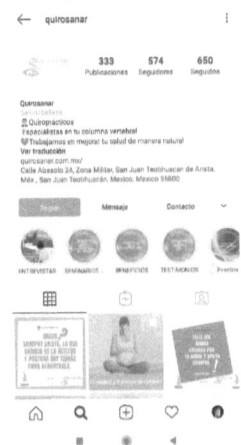

En la imagen de la izquierda te muestro el perfil de marc, un perfil que tiene más de 250 mil seguidores con años en la plataforma y que muchos seguidores son direccionados a instagram desde youtube, lo que indica que los usuarios ya saben en su mayoría de que trata el perfil y los que son nuevos se convierten en fans por el tipo de increíble fotografía que nos muestra en su feed, por otro lado tenemos el perfil de Quirosanar, un centro quiropráctico, un rubro muy complicado pero nada imposible, éste perfil es nuevo y comienza su escala en la plataforma, la diferencia entre los dos se nota también sobre el estilo que han decidido emplear sobre su concepto visual y los colores que se han utilizado, el perfil más trabajado es el de la derecha, podemos ver historias destacadas con portada, una explicación de lo que ofrecen, emojis que ayudan a digerir los textos, este formato te servirá mucho si también como ellos venderás un servicio, lo usarás como plataforma de clientes potenciales o comienzas en el ámbito de Instagram para ventas.

Es momento que tengas en cuenta algunos factores a considerar para mantener una cuenta sana de instagram (me refiero a sana no porque pueda enfermar, si no para una salud digital impecable), pero que son datos que tomará la red neuronal de Instagram, así que te mostraré un pequeño glosario para que estés más familiarizado con ello:

El Timing: Se priorizan las publicaciones más recientes. Aunque antes se ordenarán las publicaciones por fecha, ya no es así, pero sí que prioriza las más recientes.

El engagement: Cuanto más "Me Gusta" y "comentarios" tenga una publicación, más alcance tendrá.

También se tienen en cuenta los mensajes directos.

El historial pasado: Cuanta más interacción haya entre esos dos perfiles más se visualizarán el uno al otro.

APLICACIONES QUE TE AYUDARÁN A LLEGAR MÁS LEJOS EN EL MARKETING DE TU PERFIL

• Para programar post: Buffer, Hootsuite, Crowfi red, Prime, Publish, Latergram.

• Para analizar estadísticas: websta.me, Iconosquare, Metricool.

• Para gestionar y agrupar imágenes: Ink361.

• Para compartir imágenes de otro usuario : Repost. Regram, Insta Repost.

• Para gestionar tus seguidores: Crowfi red, websta.me, instafollow, NoApostroph3s.

• Para dividir una fotografía en varias imágenes: Instagrid.

• Para hacer composiciones de fotos: Layout, Pic Stitch. Collage Maker Foto Grid Editor.

• Para incluir textos en imágenes: Wordswag, Over.

• Para retoque de vídeos: Boomerang, Hyperlapse, Lumify.

• Para el retoque especial de imágenes: Prisma, Photo Grid, Afterlight, Snapspeed, VSCO cam, Aviary, Slow Shutter Cam, Bokehful, Tiny Planet, PS Express, PicsArts, Whitagram.

PERFIL EMPRESARIAL Y PERFIL NORMAL

En instagram existen dos tipos de perfil, el perfil normal o personal y el perfil de empresa, pero ¿Cuál elegir? obviamente sabemos cual vamos a elegir, el empresarial por supuesto, pero de igual modo te mostraré cual es la diferencia entre cada uno de ellos para que puedas elegir cual perfil deseas tener o si prefieres crearte un perfil de cada uno para que puedas estar tranquilo y sobre todo no mezcles contenido.

No olviden que al crear el perfil de empresa estaremos dando un gran paso, ya que si quieres llevar tu perfil de tu marca, empresa, servicio o producto desde una cuenta personal, podrás hacerlo pero será difícil perder tantas potentes herramientas que te serían útiles para poder crecer rápida y fácilmente.

Perfil Personal	Perfil de empresa
•El botón para compartir en Facebook publicará los contenidos en tu perfil personal de Facebook o la página que hayas elegido.	-El botón para compartir en Facebook publicará tus contenidos en una página de fans, nunca más irá a tu perfil personal.
•La biografía de tu perfil no tendrá un botón de contacto.	-La biografía de tu perfil incluirá un botón de contacto.
•La biografía de tu perfil NO incluye la categoría del negocio.	-La biografía de tu perfil incluirá la categoría de tu negocio (la misma que tienes en tu página de fans). Ejemplo: fi gura pública.
•La biografía de tu perfil no incluirá una dirección física clicable, sólo la puedes poner dentro del texto de bio.	-La biografía de tu perfil incluirá un enlace con dirección física que será clickable al mapa predeterminado de tus seguidores.
•A través de tu perfi l normal no podrás acceder a las analíticas de tu cuenta y contenidos.	-A través del perfil de empresa tienes acceso a métricas para medir la efectividad de tu gestión y de tus contenidos.
•Con el perfil normal no podrás promocionar contenidos que ya tienes publicados en tu cuenta. Sólo podrás crear anuncios a través del administrador de anuncios de Instagram.	-Con el perfi l de empresa podrás promocionar los contenidos con publicidad para llegar a tu audiencia y potenciar tus resultados.

Como activar el perfil para empresas

Para algunas cuentas esta opción aparece con un mensaje al entrar en la aplicación, sin embargo muchos de ustedes me han comentado que todavía no les aparece el mensaje de cambiar a cuenta de empresa. Los pasos para activar el nuevo perfi l son los siguientes:

1.-Selecciona la cuenta que quieres utilizar para activar el perfil de empresa (esto si tienes múltiples cuentas en Instagram).

2.-Ve a confi guración

3.-Selecciona la opción "cuenta " y más abajo encontrarás la opción de cambiar cuenta profesional.

4.-Haz login con Facebook para conectar tu cuenta de Instagram con una página de fans. Si no tienes una tendrás que crearla.

5.-Configura el perfil de empresas con tu correo y dirección tal y como te aparece en los pasos a seguir.

Como todo es este increíble libro te llevaré de la mano para activar tu cuenta de empresas, así que vamos a las capturas para mostrarte el camino.

¿Qué opción te describe mejor?

Para creadores

Ideal para figuras públicas, productores de contenido, artistas e influencers.

Siguiente

Para empresas

Ideal para tiendas, negocios locales, marcas, organizaciones y proveedores de servicios.

Siguiente

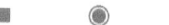

En esta opción después de seguir los pasos que te he dado arriba, te preguntará que tipo de perfil deseas tener, aquí es importante que decidas cuál será, si eres una empresa o venderás productos y servicios, eliges la opción de empresa y si eres artista, fotógrafo o creador de algo hermoso, eliges la primera opción.

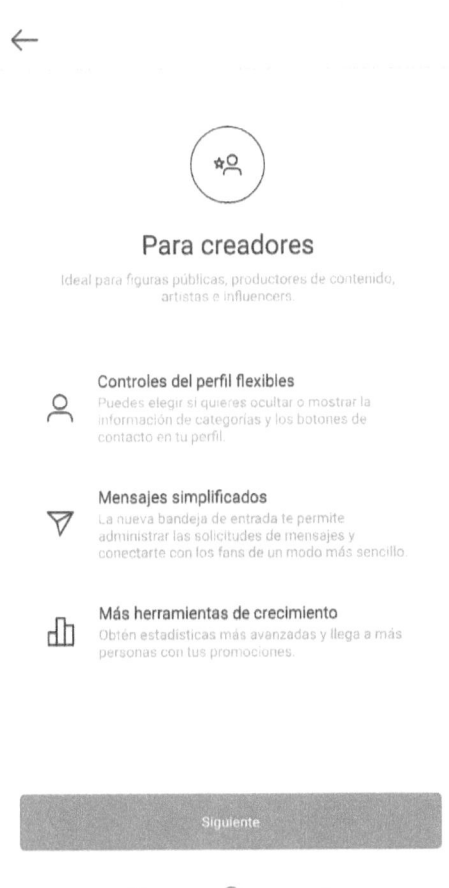

Al elegir el perfil de creadores (en mi caso elegiré creadores porque va mas con mi rubro, ustedes elijan el que decidan qué va mejor con su empresa, producto o servicio) nos mostrará las herramientas que tendremos para poder sacar el máximo potencial a nuestra cuenta sumándose a todos los datos que te he brindado.

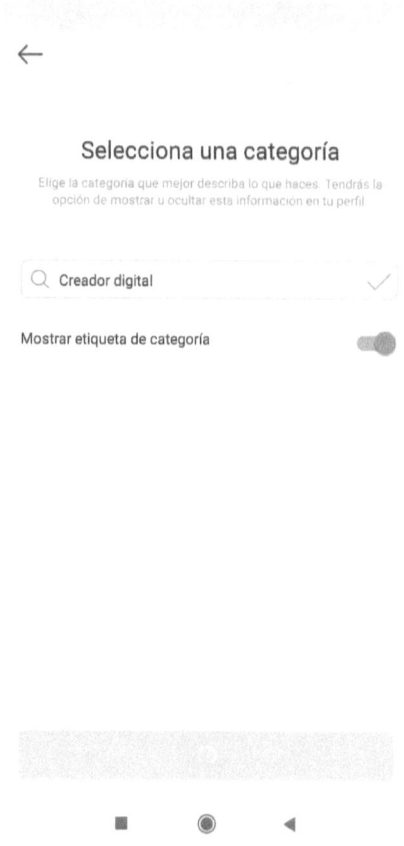

En esta sección de la activación es indispensable enciendas la opción de mostrar la etiqueta de categoría, esto ayudará a varias cosas: que tus fans, clientes o seguidores sepan de qué trata tu perfil y se refuerce con lo que has escrito en la descripción de tu perfil y que la red neuronal pueda brindarte perfiles similares para que logres encontrar tu nicho más rápido y comenzar a funcionar, porque de esto se trata todo, instagram está interesado en que comiences a tener seguidores para que pueda venderte publicidad directa que en la mayoría de los casos pueda atraer tu atención y puede que te sea de ayuda para conocer el tipo de publicidad que posteriormente te mostraré a publicitar.

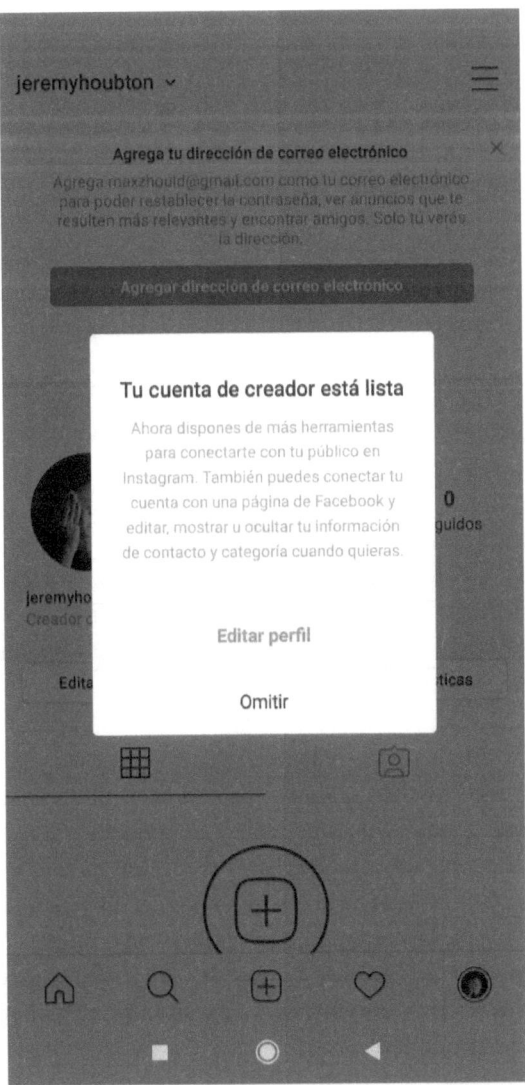

Una vez que tu cuenta de creador quede lista, por fin podremos comenzar a poner a prueba todo lo que hemos desarrollado, planea tu concepto visual, planea la fotografía que harás, elige bien la cromática que mantendrá alimentada tu cuenta, elige bien el texto y sobretodo los hashtags, porque es momento de comenzar a tener seguidores así sin más rollos (ya se que para llegar a esto ha sido todo un rollito eh).

Publicidad en Instagram

Otra de las ventajas del perfil de empresa es que podemos impulsar nuestros contenidos de Instagram para llegar exactamente a nuestra audiencia y aumentar así nuestro alcance y engagement.

Pero ¿Cómo convertir tus contenidos en anuncios?

Para impulsar tus contenidos tan sólo tienes que abrir en la aplicación móvil en el contenido que quieres impulsar es decir: que debes elegir alguna de las fotografías que has posteado y darle al botón de "Promocionar". Una vez que haces clic Instagram te adaptará tu imagen automáticamente a tamaño cuadrado y te pedira qué quieres que los usuarios hagan con tu anuncio:

- Si visitar tu web o llamar/visitar tu negocio.
- Luego tendrás que crear la audiencia de tu anuncio, definir el presupuesto y la duración de tu anuncio.
- Al momento de segmentar piensa en tu público objetivo, de lo contrario invertirán sin conseguir buenos resultados.
- Tu anuncio pasará a validación y luego iniciará a funcionar.
- Si quieres ver más métricas y el rendimiento de tu anuncio puedes ir al administrador de anuncios o volver al contenido que promocionaste.

Como segmentar correctamente en Instagram

Recordemos que Instagram pertenece a Facebook, pero a pesar de ello no son completamente iguales, incluso aunque la red neuronal sea parecida, la forma de segmentar no es al 100 igual que facebook, puesto que instagram se maneja por rubros específicos, es decir: tienes más probabilidad de llegar a gente más específica que en facebook.

Lo ideal es segmentar sabiendo que cada bloque es como un círculo. De este modo llegamos a impactar a todas las personas que deseamos buscar como público mucho más específico. Los círculos pueden responder los términos que te muestro ahora:

Comportamiento: En este apartado será buscar acciones que tu público haya hecho no hace mucho. Por ejemplo: lograr detectar que la formación online es un comportamiento cada vez más común o quizás realizar viajes con frecuencia. podrían ser ejemplos muy buenos.

Necesidad: Este círculo nos dirá ¿qué necesita tu público?

Tienes que ser muy creativo para llegar a los intereses deseados.

Por ejemplo: si quieres llegar a corredores jóvenes porque vendes calcetines para correr a través de una tienda en línea, busca apps que usen los corredores como; strava, endomondo etc…

Otro de los poderosos tips es probar si facebook los considera como interés. Es indispensable que jamás pongas los intereses muy generales como podría ser: correr, deporte aire libre, etc.

Aquí te daré otro más de los tips poderosos y es el de buscar las tiendas en línea de ropa deportiva e introducirlos como interés, así estarás impactando a un público que ya está acostumbrado a comprar en línea.

Status: pregúntate a qué se dedica tu público y qué nivel socioeconómico tiene, esto te ayudará a tener más conocimiento de tu público en específico que incluso podrías tener en cuenta para futuras campañas.

Por ejemplo: Si vendes raquetas de tennis, poner "Tennis" como interés general hará que llegues a muchas personas porque a muchos les gusta el tenis, pero no solo a jugadores, quienes serían tus principales compradores de raquetas, recuerda que muchas personas disfrutan un deporte pero a veces nunca lo llegan a jugar en su vida.

Trata de buscar etiquetas específicas como marcas de raquetas de tenis para ser más concretos. Un punto importante es conocer a qué se dedican las personas que practican el tenis. Para que el círculo de estatus puedas segmentar por profesiones como : abogados, empresarios, gerentes, ejecutivos, etc.

Pasión: Círculo el cual deberás identificar a toda costa todo aquello que le apasiona al público que te diriges. Poniendo un ejemplo muy claro. Si vendes chamarras de cuero y artículos de piel sería potencialmente posible que en este círculo puedas poner el interés de "Harley Davidson"

Estoy seguro que muchas personas que compran chamarras, chalecos y cosas de cuero son apasionados de estas preciosas motos. Estos ejercicios ayudarán a que puedas tener una idea más clara de como segmentar en Instagram, asi vas puliendo mucho tu segmentación y por consecuencia, si trabajas cada paso como se debe, tus posibilidades de éxito aumentarán.

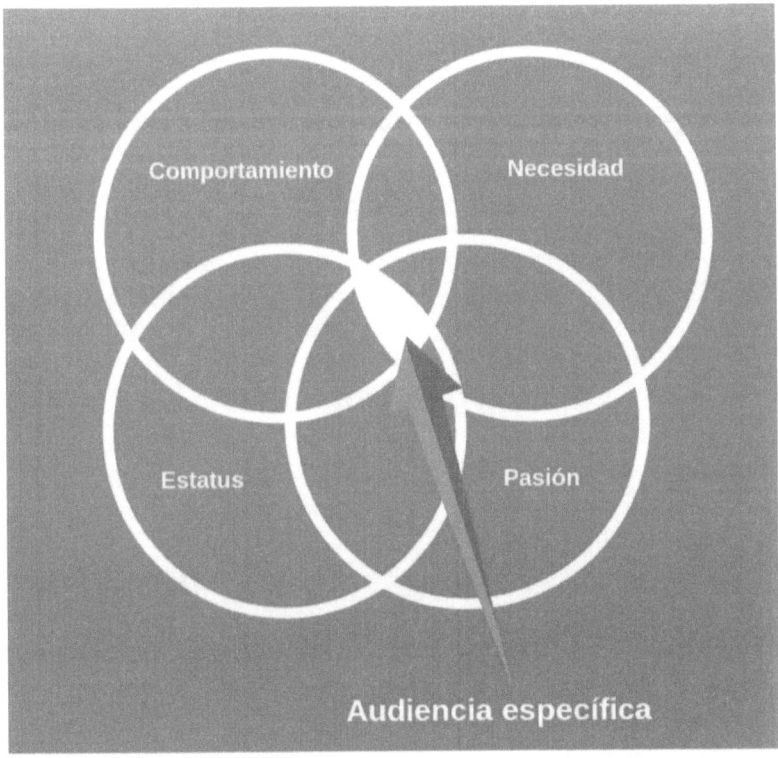

Sugiero utilices una libreta y un lápiz y dibujes éste diagrama, posteriormente piensa en todo lo que acabas de leer para segmentar y comienza a escribir en los círculos cada uno de los resultados que crees que estarían en cada círculo para que al final puedas tener un nicho muy específico y puedas llegar a verdaderos clientes potenciales.

Mi sugerencia es que realices al menos 3 ejercicios por día sobre esto, te ayudará a saber segmentar, que tus campañas publicitarias sean un éxito, que no gastes demasiado por un anuncio de alto rendimiento y lo mejor de todo, te conviertas en un experto, que es el objetivo de este libro.

Herramientas para Analíticas de contenido

Si no sabes leer las anlíticas de instagram te será complicado discernir el como puedes crear una de las increíbles campañas publicitarias para tu instagram, es por ello que te tengo una selección de las mejores herramientas para analizar los contenidos de nuestro perfil y sacar el máximo provecho de ello.

1.- Metricool

Es una herramienta de gestión, analítica y planificación que podrás usar gratuitamente y que te servirá mucho si no quieres invertir en algo mayor en un inicio, a veces las complicaciones como la pandemia nos generan problemas económicos y esta herramienta puede ayudarte.

Esta herramienta te permite saber cómo avanza tu comunidad y evoluciona y lo mejor de todo es que te sirve para todas tus redes sociales, pero en Instagram te servirá para conocer el cómo se mueve en cada publicación que tienes para ver el balance de tus seguidores sobre la información demográfica y geográfica de tu ya creciente comunidad.

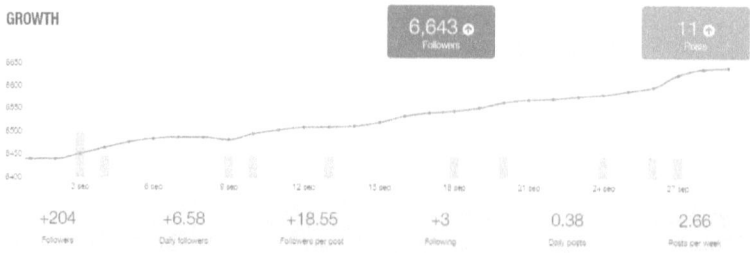

2.- Iconosquare: Esta aplicación te fascinará ya que es increíble todo lo que puedes medir con Iconosquare, porque te servirá para conocer qué tipo de publicaciones te han servido más que otras y lo mejor es que también puedes saber no solo las del feed, si no también las de stories, y la información que te da esta aplicación es mucho más segmentada que la que te da Instagram Insights, de verdad te fascinará esta app.

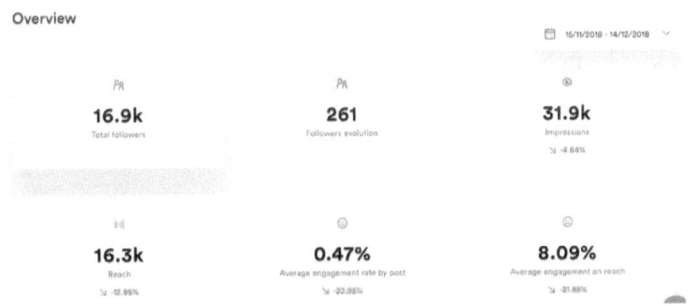

3.- Hootsuite: Esta herramienta es una de las más conocidas, quizás alguna vez conociste sobre ella en algún anuncio o algún amigo y si no es así, no te preocupes que aquí mismo te enseño para que sirve;

Esta aplicación o herramienta te ofrece una increíble gama de posibilidades que van desde análisis comparativos, gráficos, programación y muchas más que puedes descubrir al empezar a utilizarla.

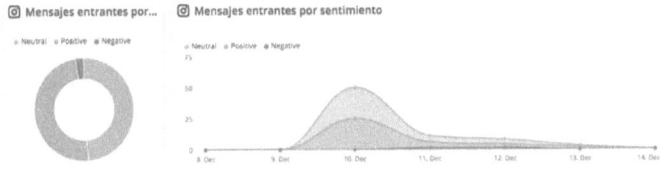

4.- Instagram Insights: esta es la app principal de instagram para sus analíticas, es de descarga gratuita e intuitiva pero no te brinda tantos datos específicos como otras apps de pago, sin embargo para comenzar es una excelente herramienta que te ayudará a comprender un poco el cómo leer las analíticas y el para que te servirán, y si no sabes para qué es este apartado o para que te sirve leer las analíticas más adelante te lo digo.

Esta app no es para nada la más indicada pero si te puede ayudar, incluso le falta mucho para igualar la herramienta hermana de facebook, pero si te servirá para hacerte una idea del progreso que pudieras comenzar teniendo y lo mejor de todo es para conocer quien te sigue y algunos datos estadísticos que quizás te puedan ayudar.

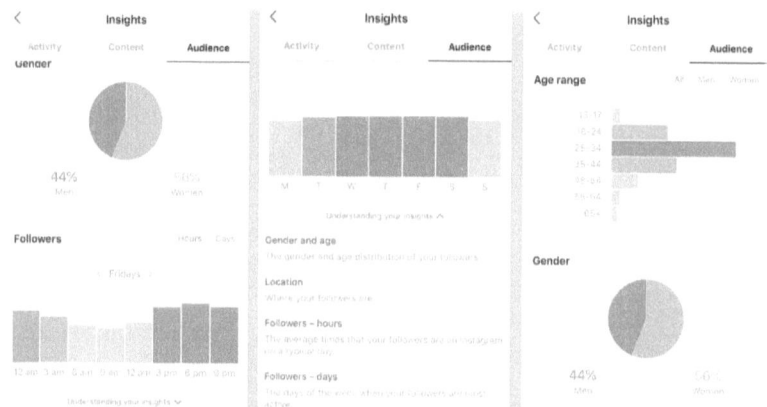

Todas las herramientas que te permitan leer cómo se comportan tus fan o seguidores te darán datos que puedes usar para atacar lo que más está resultando o sobre sus intereses, teniendo así la oportunidad de que tus ventas, campañas o publicidad tenga una alta fidelidad de efectividad, lo que significa que para esto te sirven las analíticas, ánimo que pronto vamos haciendo juntos una increíble y poderosa cuenta de instagram.

¿CÓMO HACER FOTOGRAFÍAS CREATIVAS?

Este es uno de los temas que siempre me preguntas amigos o familiares en los viajes, a ellos les encanta la fotografía creativa pero a veces no se les da la creatividad, y eso no es malo, no quiere decir que están con falta de creatividad siempre, si no que al no conocer sobre televisión, cine o fotografía profesional no conocen las posibilidades que puedan tener, así que te mostraré algunas fotografías de algunos colegas y la creatividad con que pueden hacerlas incluso con dispositivos móviles.

Te dejaré una serie de ejercicios que puedes hacer tan solo copiando la técnica, al hacerlos podrás despertar esa creatividad e incluso emular para hacer la misma técnica pero en diferentes circunstancias y crear unas fotografías increíbles con tan solo repasar este libro, recuerda hacerlo las veces que sea necesario hasta que estés satisfecho con los resultados, creeme que entre más lo hagas, podrás disfrutar de imágenes que te van a fascinar, de paso etiquetame en ellas para que podamos disfrutar ambos y darles mucho amor (@houbton).

EJERCICIO 1

En este ejercicio desarrollaremos una creatividad incomparable, utilizaremos una pecera, una mesa de vidrio o dos bases y un cristal que quizás muchos puedan conseguir o tengamos en casa y utilizaremos en este caso nuestro teléfono, no olvides limpiar perfectamente el vidrio para no tener manchas no deseadas en la fotografía, así que manos a la obra.

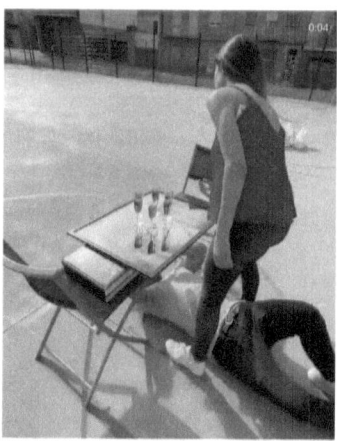
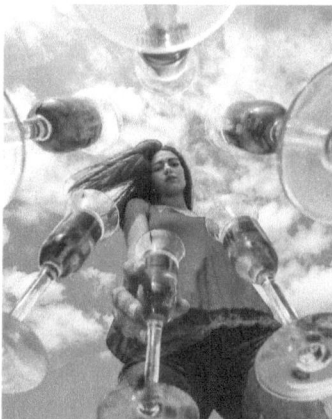

En el ejercicio podremos notar la forma en que se hace, ellos utilizan copas con bebida y colorante rojo, esto para combinar con la blusa de la modelo, el contraste del cielo es indispensable puesto que hace resaltar el efecto deseado que se busca.

Recuerda que no necesariamente deben ser copas, incluso de esos pequeños vasos de shots pueden ser útiles aunque la altura de las copas es lo que hace verse increíble y como si flotaran.

EJERCICIO 2

Recordemos que he mencionado que la creatividad es indispensable, así que es el mismo caso de materiales, bueno solo cambiamos las copas por un poco de diamantina, pero el vidrio sigue latente y los resultados son increíbles.

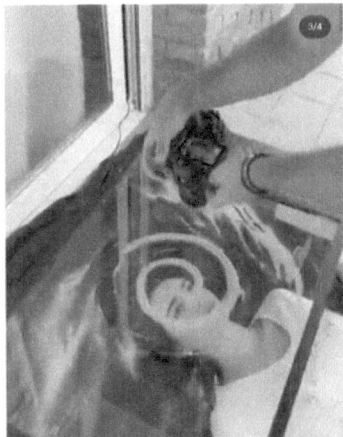 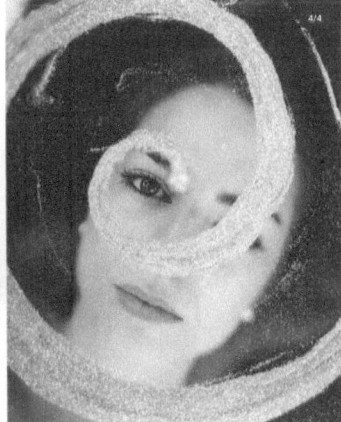

Es indispensable que realices estos ejercicios porque de ahora en adelante tu creatividad debe despertar, ya que las próximas tareas serán sin explicar el cómo se hacen y deberás pensar el cómo fe hecha la fotografía y realizarla, no te preocupes que comenzaremos por cosas fáciles hasta algunas que deben llevar edición de fotografía, siempre recuerda que al finalizar tus tomas puedes probar los filtros para hacer resaltar los cielos o el fondo, dar mayor intensidad a los colores o quizás puedes agregar detalles que harán que luzca más tu imagen.

EJERCICIO 3

Este ejercicio es muy fácil como se los he platicado, pero vamos, a pesar de ser fácil de deducir necesitarás varias cosas para hacerlo así que solo pon un poco de creatividad, si no tienes una persona que te ayude a tomar la fotografía, necesitarás un trípode y el temporizador para que todo pueda salir bien.

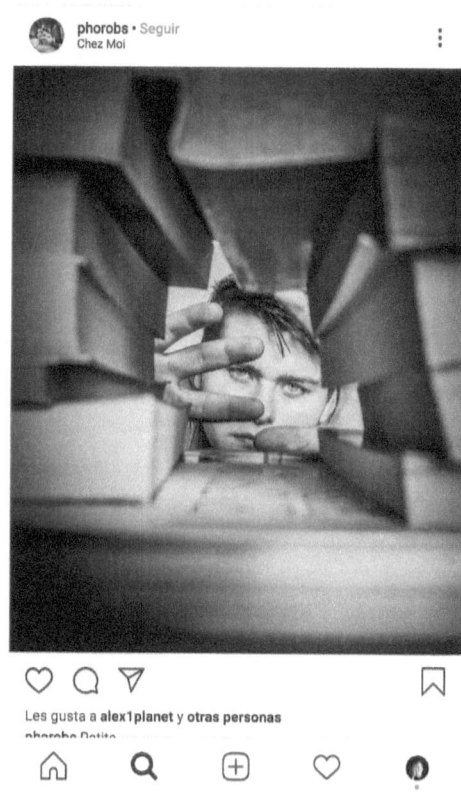

EJERCICIO 3

Los ejercicios sencillos ayudarán a despertar tu creatividad, sé que ya lo mencioné muchas veces pero creanme, en verdad despierta la creatividad, es por eso que colocaremos un ejercicio sencillo y fácil de hacer, solo necesitarás buscar un buen fondo elevado y manos a la obra.

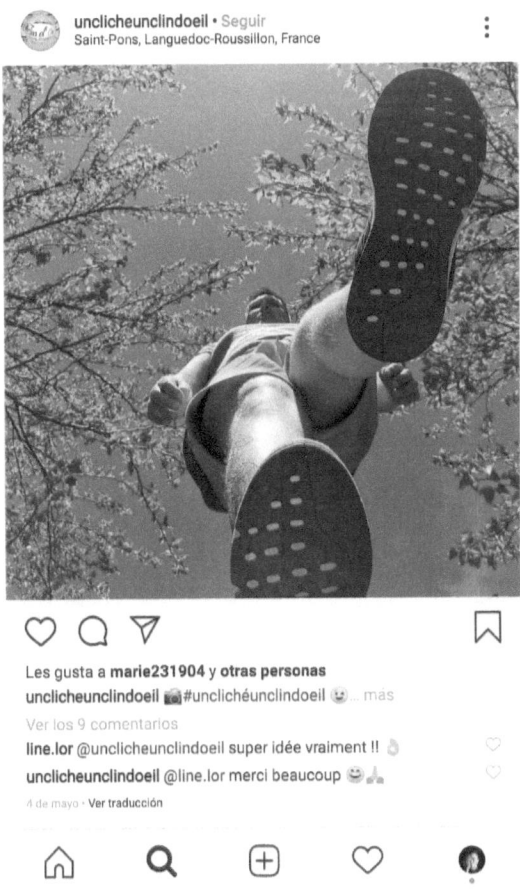

EJERCICIO 4

Uno de los ejercicios que me encanta hacer es éste tipo de fotografía específicamente al aire libre como bosques, montañas, días nublados entre edificios de la ciudad, etc.

Es un ejercicio fácil de realizar aunque a muchas personas no les agrada "no saben porqué" así que te diré el porque no les agrada y es muy sencillo, no les gusta como se ven, lo único que debes hacer es cuidar que la pose sea muy cuidada y listo.

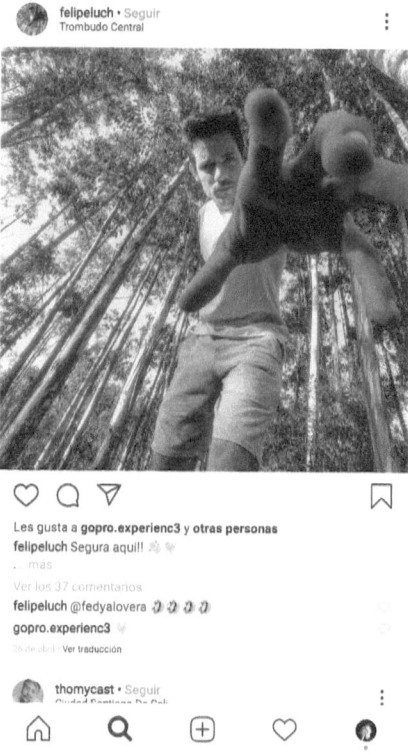

EJERCICIO 4

Sin duda los ejercicios como el número 3 de este libro pueden dar más para hacer cosas creativas combinadas con el ejercicio uno del cielo de fondo, así que manos a la obra con este sencillo ejercicio y muy visual.

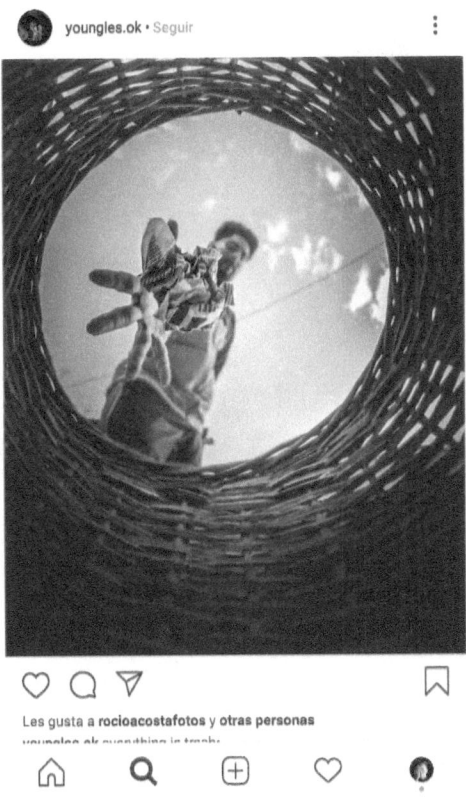

EJERCICIO 5

Éste ejercicio en especial es muy sencillo de hacer pero deberás tener mucho cuidado al hacer esta fotografía, no queremos que nadie salga herido (Oye pero nadie se lastima con eso... 3 quemaduras después desearás haber hecho caso a este mensaje).

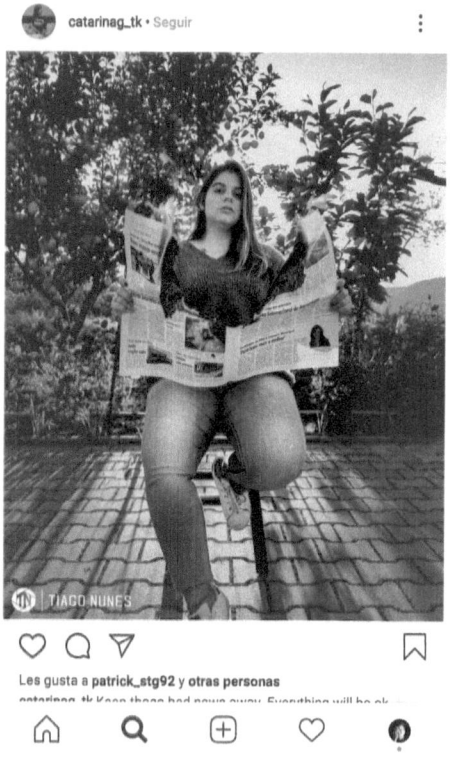

EJERCICIO 6

Todos podemos conseguir una bombilla, así que no hay pretextos, aunque quizás puedan tener algo más de creatividad, es necesario siempre cuiden su encuadre que todo esté ordenadamente bien y jamás perder el foco (me refiero a que no se vea borroso a menos que así lo desees).

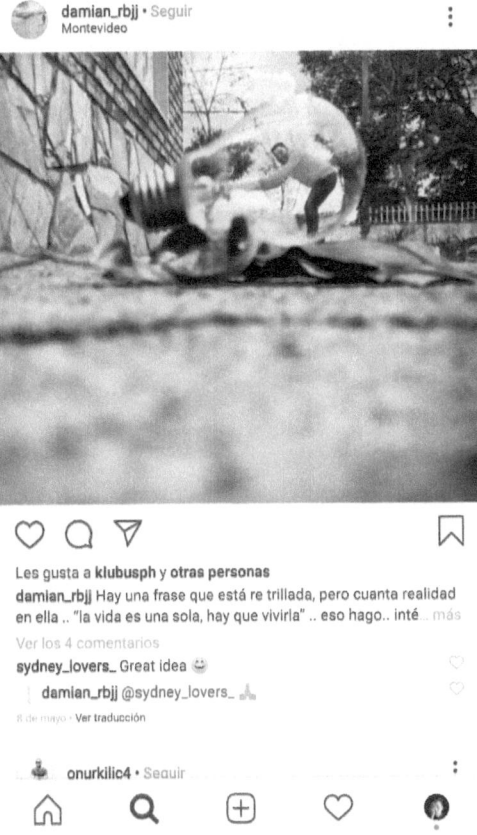

EJERCICIO 7

También puedes usar un libro pero si tienes lo necesario para realizar este ejercicio entonces manos a la obra.

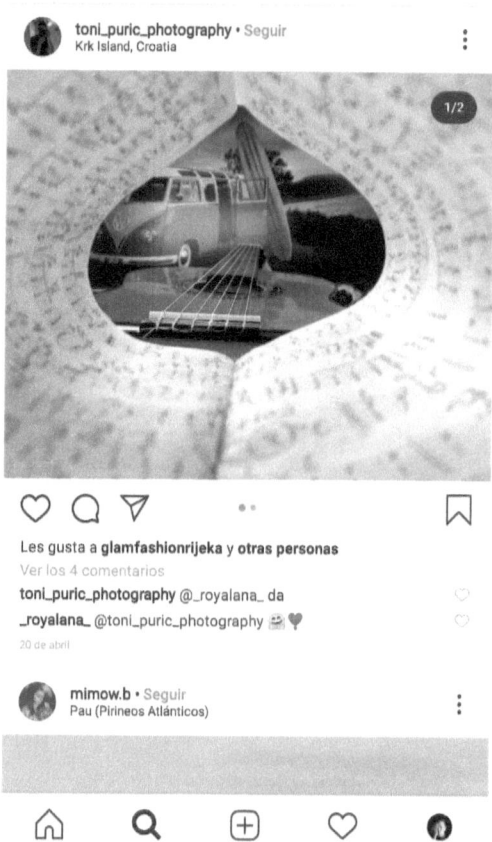

EJERCICIO 8

El color splash, ¿lo recuerdan? bueno hasta una app les recomendé, bueno este es un bonito ejemplo creativo con una interesante forma de usar el color splash

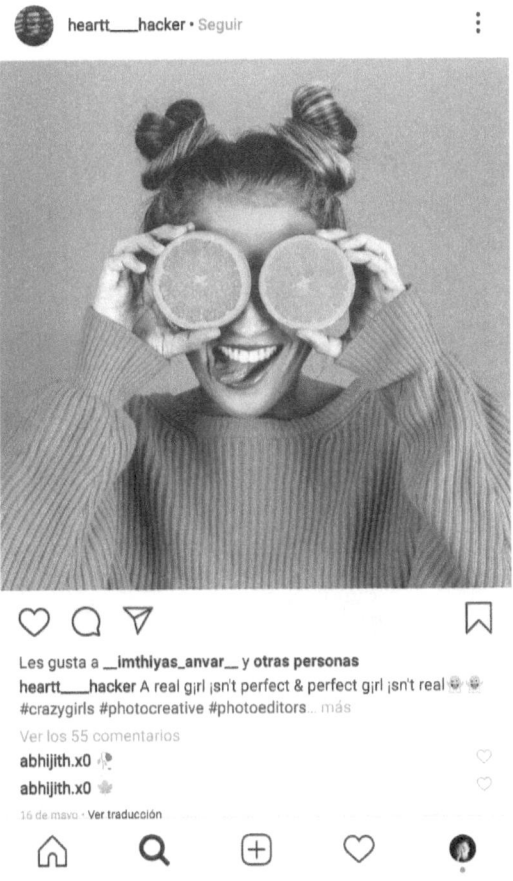

EJERCICIO 9

Aquí comienza la dificultad en los ejercicios: aquí necesitarás un filtro de objetivo fotográfico, pero lo puedes sustituir por una lupa, así que no hay pretexto a darle caña.

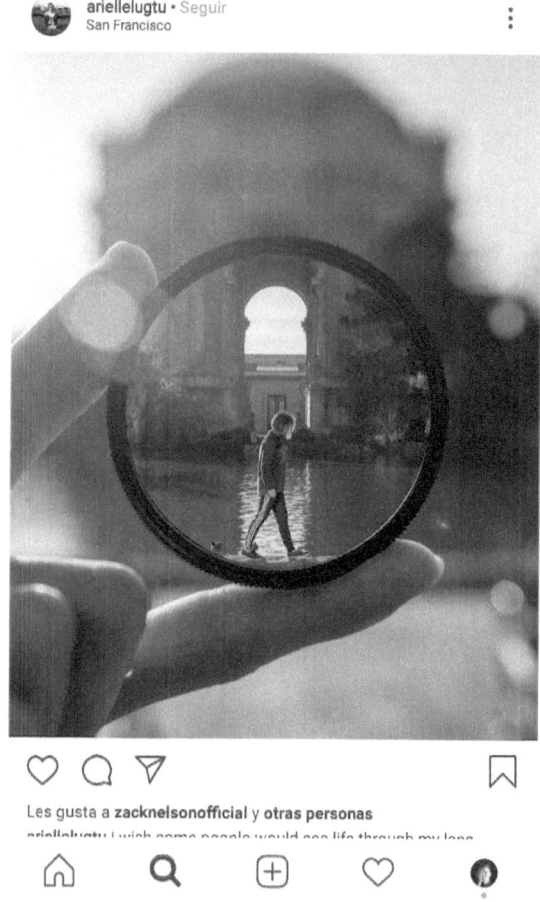

EJERCICIO 10

Para este ejercicio no hay mucho que decir, solo necesitas tener playa o hacer unos pequeños hoyos en tu patio.

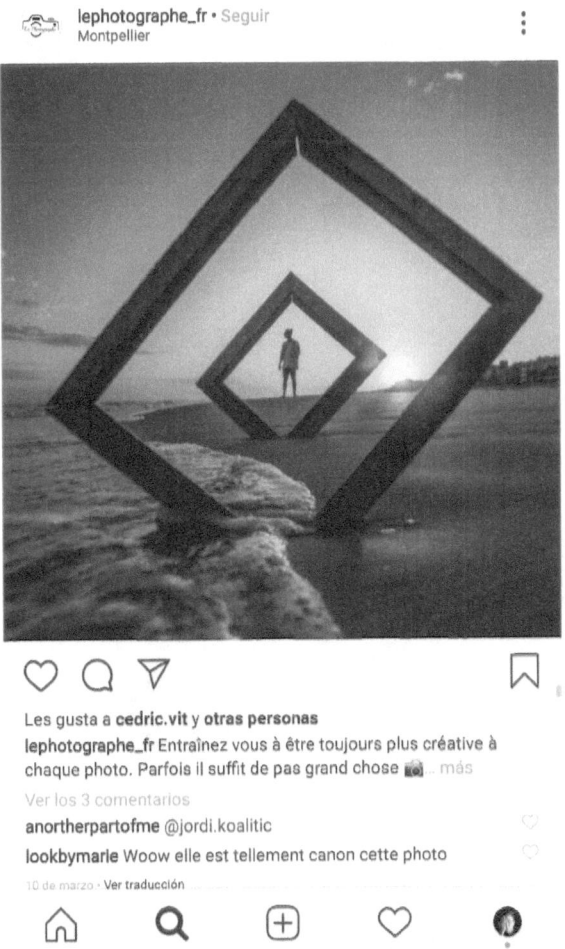

lephotographe_fr • Seguir
Montpellier

Les gusta a **cedric.vit** y **otras personas**
lephotographe_fr Entraînez vous à être toujours plus créative à chaque photo. Parfois il suffit de pas grand chose 📷 ... más
Ver los 3 comentarios
anortherpartofme @jordi.koalitic
lookbymarie Woow elle est tellement canon cette photo
10 de marzo · Ver traducción

EJERCICIO 11

Aquí es cuando todo se comienza a endurecer en los ejercicios pero descuida, busca en youtube como recortar una fotografía en photoshop si es que no tienes conocimientos, adobe photoshop puede descargarse gratuitamente por 30 días.

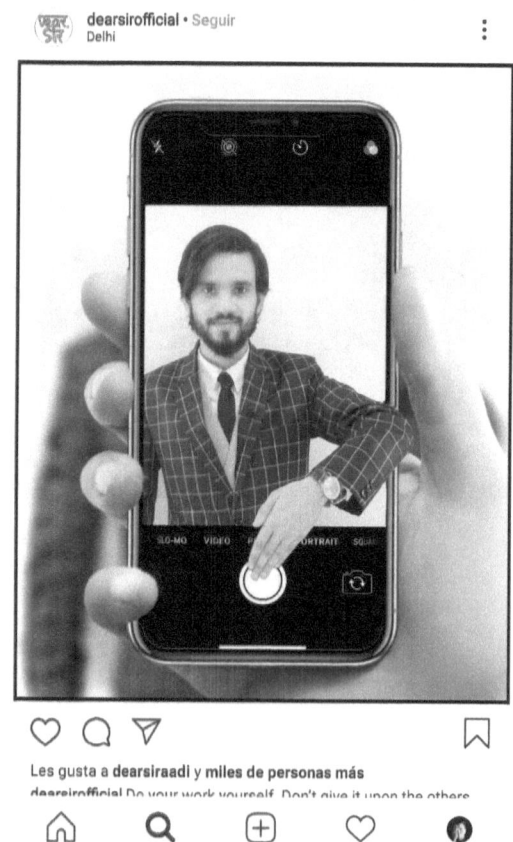

EJERCICIO 11

Para esta imagen necesitarás hacer dos fotografías y deberá ser editada en photoshop, pero la calidad visual será impactante, por cierto también necesitarás un trípode.

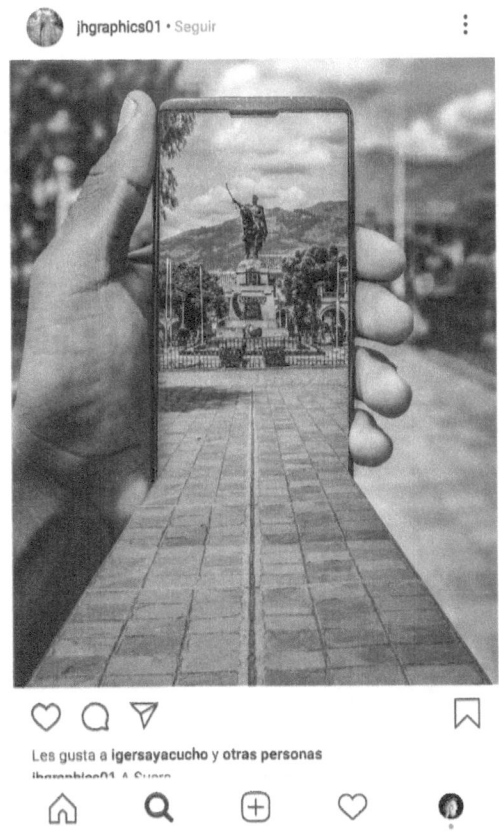

TIPS PARA MANTENER TU CUENTA COOL

Hasta este momento te he brindado las herramientas para que puedas tener una increíble cuenta de instagram para empresa, tu marca personal, tus productos o servicios o solo por hobbie pero llega el punto en que esto debe terminar, no sin antes darte una serie de tips que puedes usar para mantenerte siempre creativo, aplicando las herramientas y lo mejor de todo es que son fáciles de hacer, no olvides que este libro en su inicio comenzamos a realizar un perfil desde cero para que todos vayamos de la mano y podamos ver los resultados de una forma latente, es decir puedes verificar la cuenta de "Houbton" porque le he cambiado el nombre y es algo que te mostraré a hacer ahora mismo.

Muchas personas deciden poner nombres a su instagram de forma que se pueda ver diferente por tipografías o signos así que comencemos por ahí para cambiar el nombre de una forma diferente al de muchos.

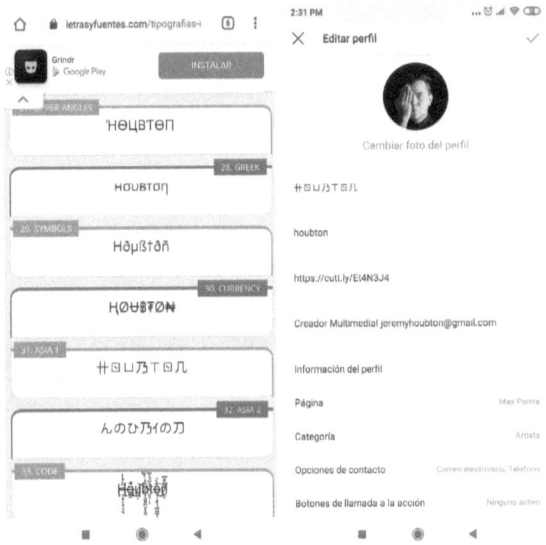

En la página letras y fuentes podrás encontrar diferentes tipografías creativas que puedan ayudar a que tu instagram se vea cool, pero toma en cuenta que deben ser letras o tipografía que sea fácil de leer y fácil de recordar, en mi caso utilizaré una tipografía estilo asiático y la cambiaré en la sección editar perfil, así también cambiaré el nombre de usuario para que todo quede más homogéneo y coincida el nombre de perfil con el nombre de usuario y sea más sencillo que me encuentren como houbton.

Otro tip súper importante es que aunque ya lo había mencionado no dejes por nada del mundo olvidarte de interactuar, para que eso no pase puedes crear una alarma en tu dispositivo en un horario que no estés ocupado y libre de todas las actividades importantes que tengas en tu día y comenzar a estar más cerca de tus fans, contesta todos los comentarios y si puedes entra a sus perfiles y dales mucho amor a algunas fotografías, incluso puedes ponerte una meta, por ejemplo: cada nuevo seguidor que llegue a tu cuenta, entra a su perfil, dale corazón al menos a cinco fotografías y si te gusta alguna en particular no dudes en comentar, eso hará que tu comunidad crezca y sea sólida, que evitar perder seguidores y que la red neuronal de instagram pueda seguir mostrando tu perfil a muchas personas más que puedas interesarse por tu perfil.

No olvides responder rápido los mensajes privados que te envían, de hacer lives, usar las stories, crear destacadas y compartir en tus redes, ni de los hashtags.

Todo mejora si mantienes una constancia, así que usa las herramientas, muchos me han preguntado el porque tener muchos seguidores pueda traerles ingresos económicos, amigo si no lo has pensado, piensa que al tener un nicho en específico con grandes cantidades de seguidores, las marcas de tu nicho pueden acercarse a tu perfil para pagarte por anunciar sus productos, este libro te brinda todo lo que necesitas para no solo tener una cuenta de instagram, si no que también para crear un negocio sólido que pueda permitirte tener ingresos increíbles, toma n cuenta que hoy en día por desgracia o por fortuna, el COVID-19 ha hecho que la mayoría de las cosas deban evolucionar a un modo digital y que el 70% de las empresas chicas y medianas en México tienen redes sociales, pero solo el 23% saben administrar sin tener que contratar empresas que lo hagan por ellos.

Antes de acabar con esto, quisiera mostrarles un perfil que ha mezclado el estilo del color slash con un estilo de figuras minimalista para su perfil, es realmente muy bueno si te gusta alguno de estos estilos, así que mira un poco e imagina como debe ser para llevar este concepto visual (Es una de mis alumnas que utiliza esta cuenta para su clínica, así que vale la pena revisarlo).

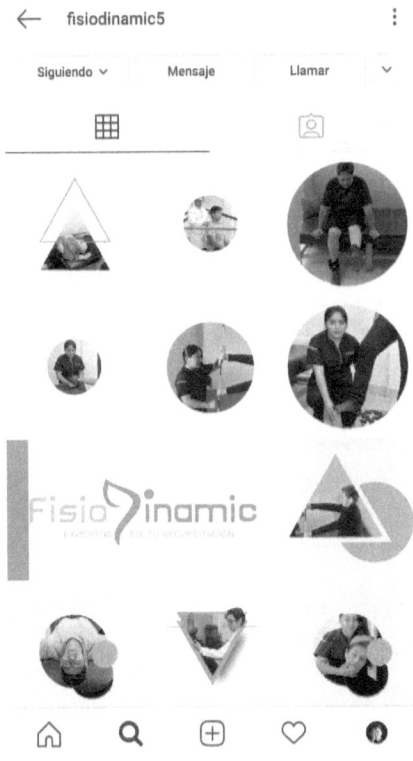

ACERCA DEL AUTOR

Soy un chico que le fascina la tecnología y las redes, desde mis 13 años comencé a trabajar en televisión, pero nada de actuación ni conducción, si no que siendo parte de las personas que hacían posible las transmisiones de programas, aunque realmente no me pagaban porque no podía trabajar oficialmente, siempre me gustó esa parte de la comunicación, logré tener mi programa de radio en línea, 4 medios digitales y un programa de televisión por cable antes de entrar a la universidad pero nada de eso era pagado, incluso desde muy niño ya tenía los estragos de la pobreza, algo de lo que siempre me propuse jamás volver a pasar, porque uno puede nacer pobre y es algo que no elegimos, pero morir pobre es realmente nuestra elección, durante mi transcurso en mi licenciatura en ciencias de la comunicación me di cuenta que la universidad no es muy basta en algunos casos en México, logrando ser demasiado carente de lo que uno como joven con hambre de conocimiento careció por los años de la universidad, así que en esos tiempos el internet no tenía un gran boom en mi zona de residencia comencé a sacar credenciales en las bibliotecas que me quedaban cerca y leí sobre ello, años después comencé a trabajar para una empresa televisiva transnacional de origen español y descubrí el mundo como siempre quise, aprendí demasiado, y fue cuando me di cuenta que a veces es mejor tomar cursos, comprar libros de algo en específico para poder avanzar más rápido, recuerdo que un profesor de la universidad me decía que tenías que terminar la carrera, después buscar donde te dieran trabajo de lo que fuese y ahorrar por años hasta poder conseguir otro trabajo donde te pagaran mas y seguir ahorrando por otros aos para conseguir comprarte cosas, prácticamente perder parte de tu vida en ahorrar sin tener la esperanza de que todo saliera bien.

Años más tarde por un accidente en el trabajo dentro de grabaciones de futbol americano me lastimé la espalda y mis primos que son quiroprácticos me ayudaron a evitar una cirugía, no quisieron cobrarme nada por eso, aunque para mí fue volver a nacer sin que me pidieran nada a cambio, como agradecimiento comencé a llevar sus redes pero ahí no tenía idea de como hacerlo, así que las lleve como trataba de entender que era así, hasta que un día mi prima me pidio hacerlo formal, es decir: trabajar para ella llevando de forma correcta las redes y así nació la necesidad de estudiar por años sobre las redes y su comportamiento y los múltiples problemas mentales cuando las redes cambian su forma del algoritmo y las cosas que hacías ya no funcionaban, así que decidí hacer este libro mostrando cosas que no cambiarán porque está enfocado a esa parte, a que por más que cambien los algoritmos jamás dejen de llamar la atención la forma de llevar las cuentas pues las personas actúan de una forma cuando se les muestra algo bien hecho aunque no sepan qué es eso que les atrae, incluso tú que has leído este libro aunque no creas, fue planeado para llevar más allá la comunicación no verbal, algo que atraerá personas a tu perfil pero también puedes utilizarlo para un negocio de fotografía creativa para personas que conozcas o al público en general.

No los quiero aburrir con mi historia, solo les deseo un excelente perfil, etiqueten mi cuenta y manden una foto del libro en mi perfil que hemos hecho durante este libro para darles consejos, tips o hasta colaborar en un futuro. suerte amigos y como dice mi hermano "Que nada los detenga".

Con sinceridad, Paolo Rafael Pacheco Pizano (Houbton).

NOTAS:

ISBN: 9798650126515
Sello: Independently published

www.ingramcontent.com/pod-product-compliance
Lightning Source LLC
Chambersburg PA
CBHW020543220526
45463CB00006B/2170